★ 根据最新版《全民国防教育大纲》编写 ★

国防教育知识读本

高中版

房　兵◎编著

西安电子科技大学出版社

内容简介

本书依据中央军委国防动员部《全民国防教育大纲》编写，涵盖了高中生最想了解的国防知识和基本技能，包括国防地理、国防政策、国防力量、军事思想、军事技能、国防法规、国际形势、武器装备、科学技术和参军义务共十个部分，让高中生认清国防与国家安危存亡、民族荣辱兴衰的密切关系，增强学生的国防观念和国家安全意识，强化爱国主义、集体主义和革命英雄主义精神，掌握必要的国防知识与技能，激发爱国主义热情，自觉为中华民族伟大复兴而奋斗。

图书在版编目（CIP）数据

国防教育知识读本：高中版／房兵编著．—西安：西安电子科技大学出版社，2020.10
ISBN 978-7-5606-5766-0

Ⅰ．①国… Ⅱ．①房… Ⅲ．①国防教育—高中—课外读物 Ⅳ．①G631.8

中国版本图书馆 CIP 数据核字 (2020) 第 106818 号

策划编辑 高维岳 邵汉平
责任编辑 高维岳 陈亚明
出版发行 西安电子科技大学出版社（西安市太白南路 2 号）
电　　话 （029）88242885 88201467 邮　　编 710071
网　　址 www.xduph.com 电子邮箱 xdupfxb001@163.com
经　　销 新华书店
印刷单位 华睿林（天津）印刷有限公司
版　　次 2020 年 10 月第 1 版 2020 年 10 月第 1 次印刷
开　　本 720 毫米 ×1020 毫米 1/16 印张 11.5
字　　数 150 千字
定　　价 34.80 元
ISBN 978-7-5606-5766-0 / G
XDUP 6068001-1

前言

国防，即国家的防务，是指国家为防备和抵抗侵略，制止武装颠覆、恐怖袭击等，保卫国家的主权统一、领土完整、发展利益所进行的军事活动，以及与军事有关的政治、经济、科技、外交、教育等方面的活动。国防是一个国家生存和发展的重要保障，与一个国家的安危、荣辱、兴衰休戚相关。

中国地缘环境复杂，陆上与朝鲜、俄罗斯、蒙古、哈萨克斯坦、吉尔吉斯斯坦、塔吉克斯坦、阿富汗、巴基斯坦、印度、尼泊尔、不丹、缅甸、老挝、越南14个国家接壤，与日本、菲律宾、马来西亚、韩国、印度尼西亚、文莱等国家隔海相望。因此，中国有漫长的边境和广阔的领海需要保卫。

我国奉行防御性的国防政策，坚定不移地走和平发展道路。中国始终坚持独立自主的和平外交政策，无论自己多强大，都会尊重他国的主权和领土，不干涉他国内政。中国在和平中寻求发展，在发展中守卫和平，依法参与联合国维和行动、国际反恐怖组织活动、各国联演训练活动、海外救援等国际军事行动，为维护世界和平与发展奉献自己的力量。

本书根据《全民国防教育大纲》编写，书中较为全面地讲述了国际知识、军事思想、当今国际形势、当前国际战略格局、高科技现代武器、信息化技术、征兵及参军。

本书条理清晰、逻辑性强，旨在帮助高中生认识国防，了解国防，激发高中生爱国情怀，增强国防安全意识，让高中生能够主动关心国家安危，自觉参与国防建设，为实现习近平主席提出的强军梦、强国梦、中国梦而努力学习。

目录

第一章
国防地理，了解一个不一样的中国

第二章
中国国防，全力铸造钢铁长城

第三章
武装力量，维护国家安全的基石

第四章
军事思想，韬略打造强大的军队

第八章

现代武器，保家卫国的利器

第九章

科技制胜，高技术、信息化与国防

第十章

积极参军，公民应尽的义务

第一章

国防地理，了解一个不一样的中国

国防地理是影响国家防务和军事活动的重要地理条件。了解和学习国防地理有利于捍卫国家主权、领土完整和安全，增强对国家边海防及周边国家的军事环境的认识。高中学生学习国防知识，可以提高学生的国防意识，增强爱国主义精神。

001 我们伟大的祖国

我国与古埃及、古印度、古巴比伦并称为世界四大文明古国，“华夏”“神州”“九州”“海内”等都是中国的别称。我国地形地貌多样，历史文化悠久，陆地面积仅次于俄罗斯和加拿大，排名世界第三。我国拥有渤海全域，黄海、东海、南海大部分区域的管辖权，有6个海上邻国；陆地边界长达两万多千米，与14个陆上国家接壤。

考古发现，“中国”一词最早出现于西周武王时期的何尊铭文“余其宅兹中国”中，距今已有3000多年。在中国古代文献中，“中国”一词有五种不同的含义：一是专指帝王所在的国都；二是指天子直接统治的王国；三是指中原地区；四是指国内；五是指古代华夏族居住的地区或建立的国家。

自秦朝建立以来，中国历经了多个王朝，每个王朝对“中国”都有不同的解释，但是没有哪一个王朝将“中国”作为正式国名。1949年，毛泽东主席宣布中华人民共和国正式成立。从此，“中国”作为中华人民共和国的简称，为国际社会所公认。

中国的历史大致可以分为三个阶段：古代史、近代史和现代史。

古代史从原始社会开始，经历了奴隶社会和封建社会。原始社会时期从170万年前的元谋人到夏王朝建立，尧、舜、禹都是这段时期的杰出首领。奴隶社会时期是从夏王朝到春秋末年，井田制瓦解、奴隶制度崩溃都发生在这个时期。我国的封建时期历经秦、汉、隋、唐、宋、元、明、清等朝代，从产生、发展到繁荣，最后走向衰亡。

近代史是从1840年鸦片战争到1949年新中国成立，分为旧民主主义革命和新民主主义革命两个阶段，这个时期的中国处于半殖民地半封建社会。旧民主主义革命阶段是从1840年鸦片战争到

1919 年“五四运动”，《南京条约》《天津条约》《北京条约》《马关条约》《辛丑条约》等不平等条约就是在这个阶段签订的，太平天国运动、戊戌变法、义和团运动、八国联军侵华、辛亥革命、清政府灭亡、中华民国的成立等也发生在这个时期。

从 1919 年的“五四运动”到中华人民共和国建立，这一时期属于新民主主义革命阶段。1919 年，北京爆发的“五四运动”，是中国新民主主义革命的开端，随后中国共产党诞生。中国共产党相继发起了南昌起义、秋收起义、广州起义，开辟了农村包围城市、武装夺取政权的道路，最后建立了中华人民共和国。

1949 年中华人民共和国成立至今都属于中国现代史。1949 年 10 月 1 日，毛泽东主席在天安门城楼上宣布中华人民共和国成立。粉碎“四人帮”后，邓小平推行改革开放，主张打开国门搞经济建设，确立中国发展道路为中国特色社会主义现代化道路。从此，中国经济不断发展，人民生活水平不断提高。之后，江泽民、胡锦涛相继担任国家主席。2013 年，十二届全国人大一次会议上，习近平当选为国家主席。

中华人民共和国是我国的国名，简称中国。五星红旗是我国的国旗，红色象征革命，大五角星代表中国共产党，四颗小星环拱于大星之右，并各有一个角尖正对大星的中心点，象征中国共产党领导下的革命大团结和人民对党的拥护。中华人民共和国国徽由国旗、天安门、齿轮和麦稻穗组成，象征中国人民自“五四运动”以来的新民主主义革命斗争和工人阶级领导的以工农联盟为基础的人民民主专政的新中国诞生。《义勇军进行曲》是中华人民共和国国歌，由田汉作词、聂耳谱曲。

002 不可不知的中国的领土

领土是一个国家重要的构成要素之一，一个国家必须具备一定的领土。领土包括一个国家的陆地、河流、湖泊、内海、领海，以及它们的底床、底土和上空（领空），是主权国管辖的国家全部疆域。除了这些之外，毗连区、大陆架、专属经济区等，虽然严格来讲不被视为国家领土的一部分，但是沿海国可以对其行使主权权利，从而构成国家管辖范围的海域。

我国广阔的领土

我国位于亚洲东部、太平洋的西岸，领土辽阔广大。我国领土最东端在黑龙江和乌苏里江的主航道中心线的相交处，最西端在帕米尔高原附近，最南端为南海的立地暗沙，最北端在漠河以北黑龙江主航道的中心线上。

我国的陆地周围被高山、沙漠、海洋所阻隔，在漫长的内陆边境地带形成一系列的高山和沙漠，与东面和南面的海洋构成了天然的山水阻隔的国防屏障。广阔的陆地面积及多样的自然环境为我们提供了充足的空间和回旋余地。

我国的领海

我国自北向南的近海为渤海、黄海、东海和南海。我国的领海是指从海岸基线向海上延伸到12海里的海域。

渤海，是我国的内海，三面环陆，渤海由北部辽东湾、西部渤海湾、南部莱州湾、中央浅海盆地和渤海海峡五部分组成，渤海通过渤海海峡与黄海相通。渤海平均水深18米，最深处70米。渤海海域有30多个岛屿，其中较大的有南长山岛、砣矶岛、钦岛和隍城岛等，总称庙岛群岛或庙岛列岛。

黄海位于中国大陆与朝鲜半岛之间，是西太平洋最大的边缘海。黄海与渤海相通，南与东海相连。黄海的海底平坦，大部分水深均在60米以上。黄海东部和西部岸线曲折、岛屿众多。山东半岛为港湾式沙质海岸，江苏北部、中部沿岸则为粉砂淤泥质海岸，主要岛屿有长山列岛及朝鲜半岛西岸的一些岛。

东海北起长江北岸至济州岛方向一线，南以广东省南澳到台湾地区本岛南端一线，东至琉球群岛。东海西部为大陆架，东部为大陆坡。在中国海域的有台湾岛、舟山群岛、澎湖群岛、钓鱼岛等。

南海，位于中国大陆的南方，是太平洋的西部海域，中国三大边缘海之一，九段线内海域为中国领海，自然海域面积约350万平方千米，中国领海总面积约210万平方千米。南海的海底是一个巨大的海盆，海盆的山岭露出海面就是中国的东沙、西沙、中沙和南沙群岛，这些海底山岭是中国大陆架的自然延伸，属于中国的领土。

我国的大陆架

大陆架是大陆沿岸土地在海面下向海洋的延伸，是被海水所覆盖的大陆，通常被认为是陆地的一部分。在国际法上，大陆架指邻接一国海岸但在领海以外的一定区域的海床和底土。沿岸国有权为

勘探和开发自然资源的目的对其大陆架行使主权权利。

中国近海大陆架比较广阔，渤海和黄海的海底全部位于大陆架上，东海海底的大部分和南海海底的一部分，都属浅海大陆架。

大陆架浅海是海洋资源最富饶的部分，蕴藏着丰富的石油、煤、铁等矿藏，也是海洋生物资源极其丰富的地方。大陆架浅海靠近人类的住地，与人类关系最为密切，大约90%的渔业资源来自大陆架浅海。我国近海渔场很多，东海素有天然鱼仓之称。舟山渔场是中国最大的渔场，北方的渤海湾渔场以盛产对虾著称。

我国的领土面积大，纵深大，山脉交错、江河纵横、海域面积广阔，这些都为进行国防建设、抵御外来侵略提供了有利条件，同时也为巩固国防提出了十分艰巨的任务。

003

我国的主要海峡

海峡是指位于两块陆地之间，连接洋与洋或洋与海的狭窄水道。渤海海峡、台湾海峡和琼州海峡是我国的三大海峡，对我国的人文、历史、文化、地理、军事和气候产生了不同程度的影响，具有非常重要的意义。

渤海海峡

渤海海峡是渤海的唯一出口，被称为“渤海咽喉”，东连黄海，西接渤海，被辽东半岛到山东半岛C型的海岸三面环绕。

1. 渤海海峡气候环境

渤海海峡属暖温带季风气候，冬季常刮西北风和北风，夏季南风和东南风偏多，全年有超过 70 天大风日，15 ~ 37 天大雾日。月平均气温低，1 月大约为 -2.2 摄氏度，8 月为 23.9 摄氏度。雨季为 6 ~ 9 月，年均降水量为 471 ~ 553 毫米。

2. 渤海海峡水道分布

渤海海峡南北相距 109 千米，南部有纵向分布的庙岛群岛，将海峡分成十几条水道。其中，除对外开放的老铁山水道、长山水道，对内开放的登州水道外，其余水道都为禁航区。

3. 渤海海峡岛屿分布

渤海南部的庙岛群岛属于丘陵地带，大小岛屿多达 32 个。南部岸坡缓，北部岸陡水深，西部岛屿多为岩岸，东部岛屿多为砾石滩。北隍城岛、大钦岛、砣矶岛、高山岛、大黑山岛、北长山岛等都属于庙岛群岛。

4. 渤海海峡的战略地位

渤海海峡是进出渤海的咽喉要道，是京津冀的海上门户，海峡中的水道有利于构筑工事，是我国的海防要地。近代历史上，英法联军、八国联军曾多次通过渤海海峡的老铁山、大钦等水道进犯我国辽东半岛。在未来的反侵略战争中，保护渤海海峡是保卫华北地区的重要战略措施。

台湾海峡

台湾海峡是指位于我国台湾岛与福建省海岸之间的海峡，被誉为“海上走廊”，是我国台湾地区和大陆的主要通道，平均水深约 60 米。

1. 台湾海峡的形成

几万年前，台湾海峡因为海水下降而变成陆地，大量的古人类、

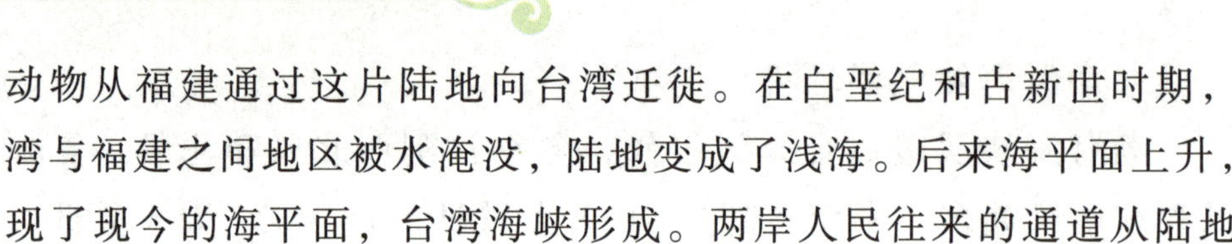

古动物从福建通过这片陆地向台湾迁徙。在白垩纪和古新世时期，台湾与福建之间地区被水淹没，陆地变成了浅海。后来海平面上升，出现了现今的海平面，台湾海峡形成。两岸人民往来的通道从陆地变成海上。

2. 台湾海峡两岸人文概况

台湾海峡是连接两岸的“桥梁”。台湾岛的先民为先秦时期移居过去的闽族和闽越族。宋代时，福建省莆田地少人多，人地矛盾严重，很多莆田人不得不背井离乡，越过台湾海峡移居台湾，所以台湾汉族人中以福建人居多。明朝末年，福建大旱，郑芝龙召集福建数千人到台湾垦殖，其中大多数人定居台湾。后来，朝廷多次招募人员到台垦殖，到 1895 年，台湾地区人口已经有 370 多万。

3. 台湾海峡气候环境

台湾海峡属于热带、亚热带季风气候，季风交替明显，每年 10 月至次年 4 月以东北风为主，风力为 4 ～ 5 级，6 ～ 8 月以西南风为主，风力在 3 级左右，每年会有强烈的台风伴随暴雨。海峡潮水的剧烈变化使得沿岸受到强烈的侵蚀。台湾海峡西北部地区因受大陆影响，温差较大；东南部地区受海洋影响，年温差和日温差都较小；受到黑潮的影响，台湾海峡的水温较高，盐度和透明度较大。

4. 台湾海峡的军事意义

两岸人民为抗御侵略、反对封锁、统一国土，曾在海峡两岸展开过多次战争。16 世纪中叶，抗倭名将戚继光、俞大猷率部队打击侵略浙闽沿海的日本倭寇；郑成功率战船从金门岛出发，渡过海峡至澎湖水道，然后趁涨潮通过鹿耳门，实施登陆作战，最终收复台湾。清康熙年间，施琅多次率船攻台，实现朝廷对台湾的统一管辖。此后，英国、法国、日本、美国都曾进犯台湾海峡，都遭到了台湾军民和大陆军民的强烈抵抗。

琼州海峡

琼州海峡属于我国的内海，位于广东省雷州半岛与海南省之间，东西长约 80 千米，南北最大宽度 39.5 千米，最窄 19.4 千米，南北两岸岸线呈锯齿状，岬角、海湾相间。

1. 琼州海峡气候环境

琼州海峡全年气候温暖，雨水充沛，台风频繁。琼州海峡 5 ~ 10 月多雷暴骤雨，年均降水量在 1500 毫米以上，11 月至次年 4 月为旱季，终年无雪；平均气温在 24 摄氏度左右，极端高温可达 40 摄氏度以上；台风是海峡区域主要的自然灾害之一，8 ~ 10 月份受台风影响最多。

2. 琼州海峡管理条例及管理机构

1965 年，中华人民共和国国务院颁布《外国籍非军用船舶通过琼州海峡管理规则》；1986 年，中华人民共和国交通部海南港务监督局颁布《琼州海峡渡轮航行暂行规定》《琼州海峡雾天航行暂行规定》。我国对琼州海峡的管理历史悠久，管理机构历经琼州课税司、水师营、中华民国航政局海口办事处、广州区港务局海口分局、海口港务局、琼州海峡管理处等。

3. 琼州海峡水文

琼州海峡太阳辐射强，海水温度高，海水透明度在 5 米左右；潮差在 1 米左右，受台风影响时潮差可达到 3 ~ 4 米；潮流属规则周日潮流，具有往复性质，各部分流速不一样。海流受季风影响，冬季东北风盛行时，海流由东北往西南流；夏季东南风盛行时，海流由东向西北流；夏季西南风盛行时，海流由西往东流。海浪以风浪为主，每年 10 月到次年 6 月风浪由东向西运行，7 ~ 8 月由西向东运行。

4. 琼州海峡交通建设

琼州海峡是广东沿海地区与北部湾海上交通的重要通道，沟通北部湾和南海中、东部的海上走廊，也是广州、湛江至海南、广西及越南的海上交通捷径。1988 年 7 月，铁道部第二勘测设计院首次提出“琼州海峡通道”概念；2003 年 1 月，粤海铁路通道正式开通，火车通过铁路渡轮穿过琼州海峡驶上琼州大地；2007 年，琼粤两省共同签署备忘录，成立联合办事机构，共同推进琼州海峡跨海通道工作。

004 不可不知的防空识别区

美国、日本、加拿大、英国、缅甸、菲律宾、泰国等多个国家纷纷设立了防空识别区，防空识别区对一个国家的意义越来越重大。那么，防空识别区是什么？对一个国家来说，防空识别区有什么意义呢？

20 世纪 50 年代末期，美国和加拿大创立了世界上最早的防空识别区，对两国大陆和海洋上空的民用飞机进行预先识别、定位和控制。任何出现在防空识别区、未被授权的航空器，都被识别为具有威胁的物体，或将其作为敌方飞行器，用战斗机进行拦截。

2013 年 11 月 23 日，中国政府发布东海防空识别区声明，主要功能是捍卫国家主权和领土领空安全。凡是在东海防空识别区域内航行的航空器，都必须向中国通报飞行计划，对于那些不配合或不服从指令的航空器，我国武装力量将对其采取“防御性紧急处置措施”。

从上面的叙述中可知，进入本国防空识别区的他国航空器，有义务事先报备飞行的目的和航线。凡是未经授权出现在本国防空识别区的航空器，都可以被识别为对本国安全有威胁的航空器，本国可对其采取干扰、拦截等措施。

认识防空识别区

1. 定义

防空识别区是指一个国家为了防止属性不明的航空器进入本国领空，侵犯本国领空，威胁本国主权安全，而单方面划定的防空警戒范围，用于提示或警告进入“防空识别区”的未经授权的不明航空器，不要误入或闯入本国领空。

2. 防空识别区与领空的区别

一个国家陆地、海洋上方100千米以内的空域，都属于该国的领空，国际法规定一个国家的领空主权不可侵犯。而防空识别区是本国为了防止属性不明的航空器侵犯本国领空主权，威胁本国主权

安全，单方面划定的防空警戒范围，可能与他国划定的警戒范围重叠。因此，防空识别区的划定不代表一个国家的主权向外延伸，或者领空向外扩大。

3. 对不配合本国防空识别区管理的他国飞机，本国没有迫使其降落或对其进行击落的权利

在一个国家的领空出现他国入侵的飞机时，本国可以对其采取驱逐、击落等措施。然而，若是在本国防空识别区发现未经授权、属性不明的他国航天器时，本国只能对其采取“防御性紧急处置措施”，如提示、警告、干扰、拦截等，不能迫使其降落或者用战斗机将其击落。

我国设立东海防空识别区的意义

东海防空识别区的划定对我国有着重要意义。

1. 表明了中国对他国军事挑衅的态度和立场

一直以来，中国人民积极维护世界和平，对世界各国抱着和平的诚意，并凭借自己的力量阻止战争的侵害。建立东海防空识别区，是我国一改以往平和、被动的角色向积极、主动的角色转变的体现，表明了我国积极备战、积极迎战的态度。中国不求战，但不惧战、怯战，更不怕战。我们的军队已经做好随时战斗的准备，切实做到“招之即来，来之能战，战之必胜”，保护我国现代化进程不受外来势力影响。

2. 东海防空识别区的成立，使中国海上、空中巡逻常态化

我国东海防空识别区域囊括了东海大部分区域，包括钓鱼岛上空。划分东海防空识别区域后，我国对整个东海防空识别区实行了常态化的巡逻机制，对于进入我国防空识别区的其他国家的、未事先告知我国飞行计划的航空器或者相关国家的战机、侦察机，我国武装力量有权对其进行追逐拦截。

3. 东海防空识别区的设立，使各部队分工更明确，职责更清晰

为了保护我国的领土、领海、领空不被侵犯，我国的各兵种，根据需要成立了海军航空兵部队、导弹部队、岸防部队、防空部队等。随着我国防空识别区的设立，各自的职责和权力范围更加清晰明确。

4. 东海防空识别区的设立，可以促使我国军事装备不断提升

为了加强我国防空识别区安全，确保防空识别区的作用，防止其他国家利用高科技技术装备逃离我国的军事监督，必须对巡航战机和侦测雷达及时升级，不断提升防空识别装备的技术性能，加强我国防空识别区的识别和管理能力。

005 了解中国地理的基本概念

我国位于亚欧大陆东部，太平洋西岸。最东端在黑龙江和乌苏里江主航道中心线相交处，最西端在帕米尔高原附近，最南端在南沙群岛的立地暗沙，最北端在漠河以北黑龙江主航道中心线上。地形有高原、平原、盆地、沙漠、湿地等多种，水系多为湖泊、河流，季风气候显著。

疆域

我国东边与朝鲜相邻，北边与蒙古相接，西边与哈萨克斯坦、吉尔吉斯斯坦、塔吉克斯坦相邻，西南方向与阿富汗、巴基斯坦、印度、尼泊尔、不丹接壤，南边与缅甸、老挝、越南相连。

北起鸭绿江口，南至北仓河口的中国海岸线长达18 000多千米，

从海岸基线向海上延伸到12海里的海域，都是中国的领海。我国的领海主要有渤海、黄海、东海和南海。韩国、日本、菲律宾、文莱、马来西亚、印度尼西亚与中国隔海相望。

行政区域划分

省（自治区、直辖市）、市、县（县级市、自治县）和乡（镇）是中国行政区的基本划分形式。中国共有34个省级行政区，包括23个省、5个自治区、4个直辖市和2个特别行政区。每个省级行政区下辖市、县、乡。乡镇是最基层的行政单位。香港、澳门是我国的特别行政区。国家可以根据行政管理和经济建设的需要，调整和变更行政区划。

地势地形

我国地势西高东低，呈阶梯状分布。号称“世界屋脊”的青藏高原，位于昆仑山、祁连山之南，横断山脉以西，喜马拉雅山以北，平均海拔4 000米以上，是第一阶梯。内蒙古高原、黄土高原、云贵高原、塔里木盆地、准噶尔盆地、四川盆地为第二阶梯，平均海拔1 000~2 000米；第一、二阶梯的分界线为昆仑山脉—祁连山脉—横断山脉。东北平原、华北平原、长江中下游平原、东南丘陵为第三阶梯，平均海拔为500米以下；第二、三阶梯的分界线为大兴安岭—太行山脉—巫山—雪峰山。

我国地形复杂多样，有高原、平原、丘陵、盆地、山脉，其中，山地、丘陵、高原被称为山区，约占陆地面积的67%。地形的多样性为我国工农业的生产提供了多样的条件，如给交通运输业带来一定困难的山区，却可以为人类提供丰富的林产、矿产、水能和旅游资源。

在我国东部地区，有我国最重要的农耕区：东北平原、华北平原和长江中下游平原。东北平原位于我国东北地区，由松嫩平原、辽河平原及三江平原组成，总面积约35万平方千米，是三大平原中面积最大的。东北平原土地肥沃、气候适宜，是我国十分重要的粮食产区。华北平原由黄河、淮河、海河冲击而成，地处我国腹地，经济发展较好。长江中下游平原河网密布，水量充足，被誉为“鱼米之乡”。

我国的四大盆地分布在地势第二阶梯上，分别是塔里木盆地、准噶尔盆地、柴达木盆地和四川盆地。塔里木盆地位于新疆南部，在天山以南、昆仑山和帕米尔高原之间，是中国最大的盆地。这里有雪山、深密的森林、绿洲、沙漠、盐湖和纯天然的牧场，盛产小麦、玉米、棉花。准噶尔盆地地处新疆北部，位于天山以北，天山与阿尔泰山之间，是中国第二大盆地，这里有丰富的石油、煤和各种金属矿藏资源。柴达木盆地位于青海省北部，这里盐储量丰富，还有丰富的石油、石棉和金属矿藏，有“聚宝盆”之誉。四川盆地位于四川东部，这里的土壤是紫红色的，盆地内沉积了丰富的煤、铁、盐、天然气、石油等矿藏，是中国重要的稻、麦、玉米等粮食生产区。

我国的四大高原集中分布在地势第一、二阶梯上，分别是青藏高原、云贵高原、黄土高原和内蒙古高原。其中，青藏高原是中国最大、世界海拔最高的高原，号称“世界屋脊”，是我国很多河流的发源地。四大高原与中国的历史、文化、人文密切相关。

水　系

我国是世界上河流最多的国家，珠江、长江、淮河、黄河、黑龙江、松花江、鸭绿江、海河、辽河等都是我国的主要河流。我国共有24 800多个湖泊，鄱阳湖、洞庭湖、太湖、洪泽湖、巢湖是我国著名的淡水湖。

气 候

受地势地形的影响，我国气候呈现多样性和复杂性。以气候类型划分，可分为东部季风气候（又可分为亚热带季风气候、温带季风气候和热带季风气候），西北部温带大陆性气候，青藏高原高寒气候；以温度带划分，可分为热带、亚热带、暖温带、中温带、寒温带；以干湿地区划分，可分为湿润地区、半湿润地区、半干旱地区和干旱地区。因此，即便是同一个温度带内，也可能有不同的干湿区。同样，同一个干湿地区，可能含有不同的温度带。复杂多样的气候，给中国带来了丰富的农作物和动植物资源。

第二章

中国国防，全力铸造钢铁长城

为什么说“国不可一日无防”？国防的主要任务是什么？为什么国家如此重视国防教育？我国奉行什么样的国防政策？生在和平时期的高中生们，为何还要时刻关注国防？让我们一起来了解一下吧！

001 国必有防，无防不立

国防，即国家的防务，指国家为防备和抵抗侵略，制止武装颠覆、恐怖袭击，保卫国家的主权统一、领土完整、发展利益进行的军事活动，以及与军事有关的政治、经济、科技、外交、教育等方面的活动。我国古代有很多军事学家撰写了有关国防建设的书籍，对国防建设理论做了十分重要的阐述。

从1840年鸦片战争开始，我国多次受到西方列强入侵，被迫签订了《南京条约》《马关条约》《辛丑条约》等不平等条约，赔偿白银13亿多两，丧失300多万平方千米土地。抗日战争期间，我国大片领土沦陷，军民伤亡人数3 500多万人，财产损失、战争消耗达5 600亿美元以上。

究其原因，主要因为当时我国的国防力量弱，无法与外敌抗衡，导致人民生活在水深火热中，生命、财产安全得不到保障。可见，一个国家，必须要有强大的国防，否则国将不国，人民无法安居乐业。

国防保障国家利益

一个国家产生后，国防也随之产生。同样，国家发展了，国防也要发展；国家消亡了，国防也会消亡。公元前21世纪，夏王朝建立，就开始有了国防。在我国几千年的历史中，为了更好地抵御外敌，古人们建造了各种“国防”设施，如长城和各种城池，并不断完善和成熟。

1840年，帝国主义列强强行打开中国国门。而此时的清政府军队，武器装备远远落后于西方国家，军队缺乏训练，毫无战斗力。在帝国主义的坚船利炮面前，清政府无力抵御，只好向西方列强妥协，被迫签订了一系列丧权辱国的不平等条约。国防羸弱的清政府无法保护国家领土和主权完整，无法保障国家发展的权益。

血淋淋的教训时刻警示我们，落后就要挨打，如果没有强大的国防力量，我们的领土就会被别人侵占，我们的财产会被别人瓜分，我们的生命会受到威胁，我们的话语权会被剥夺，甚至，我们的国家会灭亡。因此，我们必须努力发展壮大国防力量，只有国防强大了，人民才能安居乐业，国家的利益才会得到保障。

发展和安全，是一个国家最重要的两件大事，而国防是人类社会发展与安全需要的产物，直接关系到国家和民族的生死存亡。我国一贯主张维护多民族国家统一，反对国家和民族分裂。如果外国势力企图破坏国家统一和民族团结，我国的国防力量将坚决予以打击。

加强国防和军队现代化建设

加强国防和军队现代化建设，维护国家安全和统一，确保全面建设小康社会的顺利进行，是我国国防建设的主要任务。

2017 年，在党的十九大报告中提出了我国国防建设的三个时间节点：一是到 2020 年军队基本实现机械化，信息化建设取得重大进展；二是到 2035 年基本实现军队现代化建设，包括军事理论现代化、军队组织形态现代化、军事人员现代化、武器装备现代化和提高军队战斗力；三是到 21 世纪中叶全面建成世界一流军队。从十九大报告可以看出，党中央高度重视国防建设，并将国防现代化建设作为一个主要目标，不断加强和完善我国的国防建设。

在长期的革命斗争中，中国共产党建立了具有中国特色的武装领导体制，并随着社会主义建设的不断发展而不断完善。同时，发展和健全了我国武装力量建设，实行“三结合”的武装力量体制，即由中国人民解放军（包括现役部队和预备役部队）、中国人民武装警察部队和民兵组成。在毛泽东军事思想、邓小平新时期军队建设思想、江泽民国防和军队建设思想、胡锦涛国防和军队建设思想、习近平强军思想的指导下，人民军队不断向现代化、正规化、革命化迈进。

为加强我国现代化国防建设，国家有关部门成立了配套的国防科技工业体系，不断提升信息化条件下的国防力量。国防法规的建立是国防建设的基本法律依据，支撑和保障我国国防建设不断发展强大。加强我国国防和军队现代化建设，是保障国家安全和统一，顺利推进全面小康社会建设的主要任务。

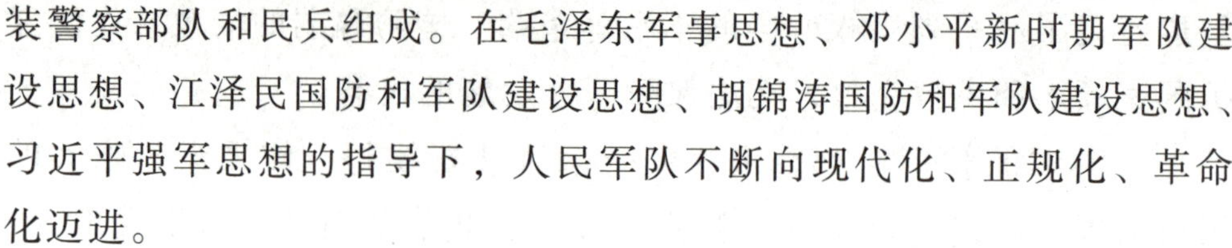

002 了解国防的主要任务

现代国防除了国家间军事方面的斗争外，也包括政治、经济、科技、外交等方面的斗争，是一个国家综合国力的体现。改革开放40多年以来，我国的国际地位不断提升，经济不断发展，对国际战略格局的布局也越来越有影响力。相应的，如今的国际形势对我国国防和军队建设也提出了更高的要求。只有与国家安全发展利益相适应的国防和军队建设，才能保障社会主义现代化事业顺利向前推进。因此，在新时期，我国国防任务依然十分艰巨。

维护国家主权安全、领土完整

这是国防最基础的一项任务，也是我国加强国防建设的主要目的。我国武装力量采取积极防御的军事战略，坚持“人不犯我，我不犯人，人若犯我，我必犯人”的原则，保卫我国领土、领海、领空不被侵犯，保卫我国边防、海防、空防安全，维护我国主权和领土完整。一旦外部势力对我国进行侵略，我国武装力量将依照《中华人民共和国宪法》（以下简称《宪法》）和法律赋予的职责，对其进行打击，采取一切必要措施保护国家主权和领土完整。

清政府时“有国无防”。面对八国联军的侵略，清政府无力抵抗，只能被迫签订丧权辱国的不平等条约和协议。中华人民共和国成立后，我国不断加强武装力量建设，在军事领域投入大量的人力、财力和物力，形成门类齐全、综合配套的国防科技工业体系，并不断增强军队后备力量。我国现在的国防力量已经能够维护国家主权和领土完整，保障国家和平与发展。

立足当下时代背景，深化军事斗争准备

和平与发展是当今时代的主题，虽然国际形势总体趋于和平稳定，但霸权主义、强权政治依然存在，局部战争频繁发生，地区热点问题此起彼伏，国际形势复杂，国际军事领域竞争更加激烈。

我国的经济不断发展，综合国力不断上升，人民生活水平不断

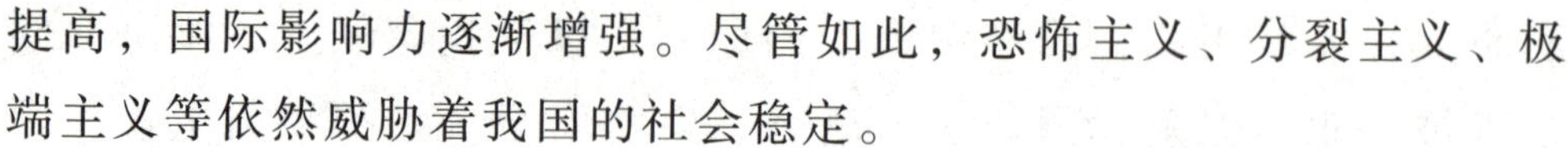

提高，国际影响力逐渐增强。尽管如此，恐怖主义、分裂主义、极端主义等依然威胁着我国的社会稳定。

如今，各国都在不断加强军事高新技术领域的技术研发，这使机械化的战争形态向信息化战争形态加速演变。在这样的背景下，人民军队需要拓展国家安全战略和军事战略视野，学习信息化时代的专业军事知识，提高基于信息系统的作战能力，加强高科技战备的演习和演练，全面提高日常战备水平。同时，我们还需要提高全民国防动员质量，不断向军队输入高质量的专业技术人才。只有这样，我们才能打赢信息化条件下的高技术局部战争。

树立综合安全观念

人民解放军除了遂行战争军事行动任务外，还要保障新时期的综合安全，有效遂行非战争军事行动任务。

人民军队参与国家经济建设、抢险救灾、安保警卫、海上护航等都属于遂行非战争军事行动任务。人民军队要坚决服从党中央的指挥，在和平时期支援国家基础设施和重点工程建设，完成抢险救灾等急难险重任务；坚决抵制、打击敌对势力颠覆破坏、各种恐怖暴力活动，遂行安保警卫任务；增强海上应急救援、海上护航、撤离海外公民等海外行动能力。

深化安全合作，履行国际义务

国防安全的最高目标是维护本国在世界各地的利益。我国的武装力量要坚决听党指挥，积极履行国际义务，参加联合国维和行动、国际反恐合作、国际护航和救灾行动，与其他国家军队举行联演联训，成为国际安全合作的倡导者、推动者和参与者。

我国以和平共处五项原则为基础，全方位开展对外军事交往，深化同各国军队的交流与合作，不与第三方军事结盟，不针对、不对抗第三方军事力量，不无端挑起战争，积极维护世界和平、安全与稳定，促进世界和平与发展。

严格依法行动，严守法律法规

中国人民解放军是党的军队、人民的军队，是一支作风优良的武装力量，党对其有绝对的领导权，坚持党对军队的绝对领导是依法治军的核心和根本要求。

中国人民解放军严格遵守《宪法》和其他相关法律，坚持依法治兵、依法强军。

003 国防教育的主要内容

◎《中华人民共和国国防教育法》（以下简称《国防教育法》）第三条规定：国家通过开展国防教育，使公民增强国防观念，掌握基本的国防知识，学习必要的军事技能，激发爱国热情，自觉履行国防义务。可见，开展国防教育的目的是增强公民的国防观念，激发公民爱国热情。国防教育的内容为掌握国防知识和学习军事技能。

高中学校每年都应对全校学生展开为期一周的国防教育和军事训练，并在日常的学习生活中，融入国防知识、红色革命文化教育等。这些措施可以让同学们学习国防知识，掌握国防军事技能，加强国防观念。

除了学校之外，各企事业单位、社会机构都要以各种的形式开展国防教育。这种有组织、有计划、持续性的国防教育，不仅可以增强我国公民的国防意识，提高国防素质，还可以增强国民国防知识，增强民族凝聚力和向心力。

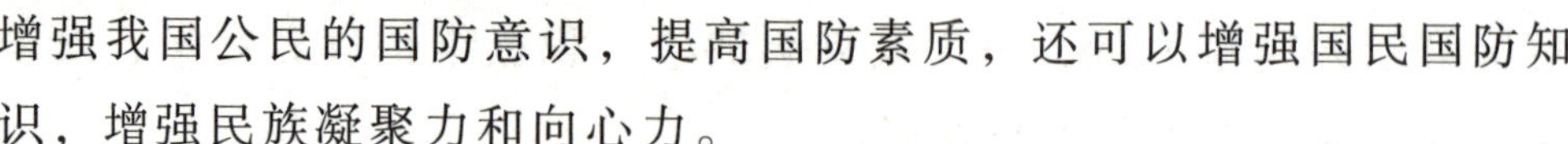

国防教育的内容

《国防教育法》第三条指出，我国国防教育的内容包括掌握国防知识和学习军事技能。国防知识是指与国防有关的理论、知识、历史、法规等；军事技能包括射击、投弹、刺杀、越野、战场救护常识等。

1. 国防理论

早在春秋战国时期，我国就出现了《孙子兵法》《六韬》《吴子》《孙膑兵法》等军事著作，尤其是孙武的《孙子兵法》，对军事领域产生了很大的影响。

毛泽东积极学习马克思列宁主义军事理论，将其与中国实际相结合，创立了毛泽东军事思想，建立和完善了我国武装力量体系；邓小平新时期军队建设思想是对毛泽东军事思想的继承和发展；江泽民、胡锦涛、习近平都在继承和发展毛泽东、邓小平军事思想的前提下，提出了适应新时代的军事理论。学习国防理论知识就是重点学习我党的重要国防军事理论、军事思想和有关军队建设的重要论述。通过对国防理论的学习可以让我们了解国防建设思想，提高自身军事理论素养。

2. 国防知识

军队建设，武装力量体制，国家领土、领海、领空及海洋权益等都属于国防知识。我国国防领导体制、武装力量体制、兵役制度和国防动员体制等国防常识是我国公民需要学习和掌握的。除此之外，在新的国际战略格局下，国家间的军事战争从机械化逐步向信息化转变，军事高科技知识、信息化战争知识等也需要公民了解。

3. 国防历史

中华民族有五千多年的悠久历史，也有着五千多年的国防历史，包括战争历史、国防重大工程、革命先烈、民族英雄等。学习国防历史，可以使公民知道国家统一、民族团结来之不易，知道当下和平稳定、安居乐业的生活来之不易，从而激发民众的爱国之心、报国之志。

4. 国防法规

国防军事法律、法规的相继出台，是我国依法治军的重大体现，使我国国防和军队建设有法可依。1997 年公布的《中华人民共和国国防法》（以下简称《国防法》）是我国第一部有关国防的法律，是我国国防的基本法，共有 12 章 70 条；2001 年公布施行的《国防教育法》指出了国防教育的内容、方法和意义，共 6 章 38 条；1955 年公布施行的《中华人民共和国兵役法》(以下简称《兵役法》)是我国第一部兵役法，后经过三次修订，并于 2011 年第十一届全国人大常务委员会第二十三次会议予以通过，共 12 章 74 条；2010 年公布实施的《中华人民共和国国防动员法》（以下简称《国防动员法》）是指导和规范我国国防动员的重要法律，总结了我国有关国防动员建设的经验，借鉴了国外先进国防动员方法，规范了国防动员的方针原则、组织机构、基本内容、基本制度等，共 14 章 72 条。

5. 国际形势

每个时期的国内外形势、国家战略都不同，在不同的国际战略格局下，国家面临的安全问题不同，国防建设与国防斗争的方向也不同。在整体和平、局部战争的当今国际环境中，我国积极参加联合国维和行动，不断加强我国边海防的安全建设，在军事科技领域投入大量的人力、财力和物力，不断加强高新技术在军事领域的应用。

6. 军事技能

军事技能主要是指学校组织开展的学生军训和群众性的国防体育活动。学习防核武器、防化学武器、防生物武器、防空、战场救护知识，组织队列、格斗、站军姿、分队战术等军事训练，举办越野、

跳伞、航海、驾驶等军事体育活动等都属于军事技能行列。开展军事训练和军事体育活动，可以提高公民的身体素质，增加公民国防技能和国防观念，有利于增强民族凝聚力和向心力。

国防教育的意义

国防教育可以增强公民的国防观念。国防与每一个公民息息相关，而不单是军队的事情。因此，每个公民都应当认识到自身利益与国防密不可分，自觉履行国防义务和责任。

首先，每个人要认识到只有国家的国防强大了，人民的生命财产才有保障，人民才能安居乐业；其次，每个人需要承担起国防责任，因为国防安全不仅仅是军队的责任，它和我们每个人都有关；最后，每个人要自觉保卫国家主权，与分裂祖国的恶势力作斗争。

004 国防政策知多少

◎国防可分为扩张型、自卫型、联盟型和中立型。每个国家都在实行自己的国防政策，我国也不例外。我国的外交政策、传统文化、社会主义道路、新时期任务等一系列因素，使实行防御性的国防政策成为必然。我国奉行的防御型国防政策，目的是为了自卫，决不侵犯他国领土，不对他国构成威胁。

坚定不移走和平发展道路

2018 年，国家主席习近平在博鳌亚洲论坛上提出，中国始终是世界和平的建设者、全球发展的贡献者、国际秩序的维护者，中国人民坚定不移地走和平发展道路，与世界同行，努力为人类做出更大的贡献。这表明了中国坚定不移地走和平发展道路，维护世界和平的决心和主张不变。

中国人民深知战争给国家、人民带来的痛苦，深知和平来之不易。因此，中国一直坚定不移地采取积极防御的国防政策，在保卫国内安全稳定的同时，积极维护世界和平，努力构建社会主义和谐社会和人类命运共同体。

坚定不移推行改革开放

清政府时期实施闭关锁国，导致国内军事设备落后，军事力量薄弱。十一届三中全会确立了对外开放为我国的基本国策，决定打开国门搞经济建设。如今，对外开放已经是中国不断发展的重要法宝。习近平主席指出，中国对外开放的大门不但不会关闭，而且会越开越大。

和平与发展是当今时代的主题。没有和平，世界就不会顺利发展；没有发展，世界也不会有持久和平。我国坚持改革开放，在和平的国际环境中不断发展和壮大自己，不断推进社会主义现代化建设；同时参与维护世界和平，承担大国职责。

坚定不移奉行独立自主的和平外交政策

我国坚定不移奉行独立自主的外交政策，独立自主是我国外交政策的基本立场。中华人民共和国成立时，毛泽东主席曾强调，中国必

须独立自主，不允许任何帝国主义国家对中国有一丝一毫的干涉。依靠外国的恩赐，中国绝不会真正独立，更不可能在国际上拥有平等地位。因此，独立自主是我国外交政策的立足点，是外交政策的灵魂。

独立自主是指在任何国际事务中，我国都坚决捍卫国家独立、主权和领土完整，自主决定本国事务，自主决定要采取的对策。在国际关系交往中，我国决不与任何大国或国家集团结盟，决不依附于任何大国，不欺凌任何弱国。在独立自主的和平外交基础上，我国与世界各国发展友好合作的关系，一起发展经济，维护世界和平，造福各国人民。

坚定以和为贵的和平理念

早在春秋战国时期，古人就提出了以和为贵、和而不同的理念。历经几千年的发展之后，以和为贵的理念早已渗透到我国社会生活的方方面面，早已渗透进中华民族的骨子里。中国人民爱好和平，面对国际争端时，一贯主张用谈判、协商等非军事手段解决，不主动挑起战争，不依附强国发展壮大自己，也不强迫弱国屈服于自己。

坚决反对各种形式的霸权主义和强权政治

我国倡导共商、共建、共享、共赢的全球治理理念。中国充分尊重世界各国的自主权，尊重各个国家关于各项合作事项的发言权。世界各国和组织无论大小、强弱、贫富，一律平等。

中国平等地对待每一个国家，不以国之大小、强弱、贫富来选择是否建立外交关系，尊重各个国家的主权。无论中国多强大，都不会去欺凌弱小国家、干涉他国内政、侵占他国土地、向世界称霸、搞军事扩张。中国不搞霸权主义和强权政治，也反对任何国家进行任何形式的霸权主义和强权政治。

倡导互信、互利、平等、协作的安全观

互信、互利、平等、协作是中国倡导的新安全观。新时期中国面临的威胁不再是世界大战、帝国主义武装侵略，而是局部地区动荡和战争、地区热点事件、海洋和领土争端、国际恐怖主义、极端宗教势力、民族分裂势力、生态环境污染、传染性疾病等新的安全威胁。对于新的安全威胁，仅凭一国之力是无法完全解决的，需要各国相互协作，提出新的思路和战略。我国建立新的安全观，努力寻求实现综合安全、共同安全、合作安全。

我国奉行的新安全观强调，面对国际争端和冲突时，采取和平方式解决而非用武力对抗方式解决。对于国家间共同关心和存在的问题可以采取多边安全对话、双边安全磋商、非官方安全对话等方式解决。强调国家与国家间是平等的，要尊重不同于本国的文明、社会制度和发展道路。

中国的国际地位不断上升，在国际上的影响力不断提高，但是

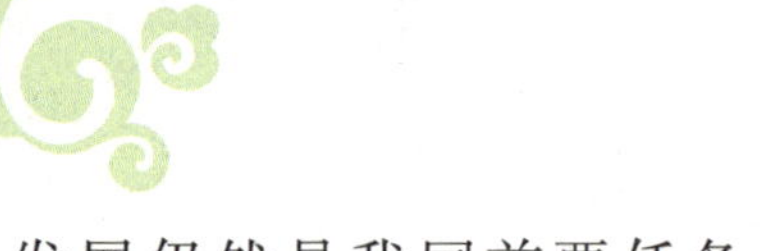

中国依然是发展中国家，发展仍然是我国首要任务，依然存在着各种安全问题，如边界问题、台湾问题等。出于国家安全利益考虑，我国提出了新安全观，并不断丰富和发展新安全观，为人类安全和世界和平贡献力量。

005

身处和平，时刻关心国防

孟子曰：“生于忧患，死于安乐。”没有任何一个国家的人民渴望战争，但在没有战争的年代，我们也不能忘记战争。天下虽安，忘战必危。无论处于任何时代，中国人民都不能忘记战争，更不能忽视国防建设。我们一定要有“居安思危”的忧患意识，要正确认识当今世界格局，时刻关注国防建设。

和平时代下依然存在动荡

当今国际形势是“总体和平、局部战争，总体缓和、局部紧张，总体稳定、局部动荡”，大规模、世界性、长期的战争不太可能发生，但是局部战争和动荡依然频繁发生，这对我国的和平发展及周边环境安全造成一定影响。

因此，习近平总书记指出，人民军队是要上战场打仗的，是要打胜仗的。在和平时期，人民军队要按照“听党指挥，能打胜仗，作风优良”总要求，加强战备训练，随时做好上战场的准备，做到“招之即来，来之能战，战之必胜”，坚决保卫我国的国家主权、领土完整，始终做国家、人民的守护者。

高中校园要定期开展国防教育，提高学生居安思危的意识，增强他们的国防观念，提升他们的国防素质，使他们自觉关注我国国防，积极投身国防建设之中。

和平时期产生新的安全威胁

和平与发展是当今时代的主题。我国在世界和平中谋求发展，在发展中维护世界和平。如今，民族分裂主义、恐怖主义、网络安全、环境安全等问题依旧存在，并给我国的安全和稳定带来威胁。

这些新的安全威胁，对我国的国防建设、武装力量建设提出了更高的要求。对于国际安全威胁，需要各国相互协调、共同处理，比如打击国际恐怖组织活动、保护生态环境安全等；而对于国内安全威胁，则需要我国武装力量和人民共同面对。维和处突、安保警戒、保卫重大工程建设等都是新时代下我国武装力量的任务。

因此，我们要不断加强现代化武装建设，完善科技在军事领域的应用，积极应对新的威胁。

和平时期对国防提出了更高要求

如今，机械化军事战争转向了信息化战争，这对我军信息化建设提出了更高的要求。信息化战争具有战场情况复杂多变、作战速度快、作战力量不单一、作战空间多样、作战方法先进等特点，对技术、装备、军队等都提出了更高的要求。

国防不仅是保卫国家安全、人民安居乐业的需要，还是一个国家经济社会发展的保障。中国要实现中华民族的伟大复兴，就必须有强大的国防保驾护航。未来信息化战争的趋势，要求人民军队不仅要加强信息化军事建设，打赢信息化局部战争，还要服从党的指挥，遂行非战争军事行动任务，支援和保障国家经济建设。

第三章

武装力量，维护国家安全的基石

中国人民解放军、中国人民武装警察部队、中国民兵组成了中国武装力量，担负起保家卫国、维和处突、紧急救援、安保警卫等艰巨任务。每一支武装力量都有自己神圣的使命和职责，它们是维护国家安全的基石。

001 中国人民解放军军旗、军徽和军歌

军旗、军徽和军歌体现了军队的精神面貌。军旗是我国武装力量的标志，军徽是人民解放军的重要徽记，是解放军帽徽及军种符号的核心图案；军歌气势宏伟，彰显人民军队的军威。

中国人民解放军军旗

军旗，是象征军队或建制部队的旗帜。我国的军旗是解放军荣誉、勇敢与光荣的象征，它激励全体官兵牢记自己的神圣职责，对党、国家、人民尽忠职守。军旗为红色，军旗上面有金黄色的五角星及"八一"二字，代表了中国人民解放军从1927年8月1日南昌起义以来所经历的艰苦斗争，以及在党的领导下取得的中国革命的伟大胜利。

在人民解放军的历史中，军旗曾出现过四种形式：第一种是诞

生于1927年9月秋收起义的中国工农革命军军旗。红色旗底象征革命，中央的五角星象征中国共产党，五角星内的镰刀、斧头代表工农，旗面靠旗杆的一条白布上写着“中国工农革命军第一军第一师”，全旗的含义为：中国工农革命军是中国共产党领导下的工农武装。第二种是土地革命时期的中国工农红军军旗。军旗的样式与工农革命军军旗一样，但是对旗帜的尺寸、颜色、斧头的样式及刀锋在图案上的方向做了明确规定，增加了旗须与文字的横标，旗上方一律横书“全世界无产阶级联合起来”。第三种是产生于1933年的中国工农红军军旗，旗的右上方为一颗五星，旗中间为交叉的镰刀锤子，旗的三面有旗须，旗杆处留有三寸三分的白布书写部队番号，五星和镰锤用金黄色布做成。第四种便是今天的军旗。

自1992年以来，中国人民解放军陆、海、空三军军旗的上半部都保留了解放军军旗的基本样式——正红色旗面，右上角是金黄色五角星与“八一”字样，中国人民解放军陆军军旗的下部分则是草绿色旗面，代表着祖国美丽、富饶的土地；中国人民解放军海军军旗旗面的上半部和解放军军旗相同，旗面下半部为横向的海蓝色、白色相间的条纹，代表着万里大海和海浪，表示人民海军是中国人民解放军的组成部分，为保卫社会主义祖国的万里海疆而战斗；中国人民解放军空军军旗旗面上半部与解放军军旗相同，旗面下半部为天蓝色，象征蔚蓝色的天空，表示空军是中国人民解放军的组成部分，为保卫社会主义祖国的神圣领空而战斗；2015年，中国人民解放军火箭军成立，其军旗上半部与解放军军旗相同，旗面下半部分为黄色，代表火箭升空之焰。

中国人民解放军军徽

1949年6月15日，中国人民革命军事委员会发出命令，颁布了经毛泽东主席亲自审定的中国人民解放军军徽式样。中国人民解

放军军徽是镶有金黄色边的五角红星，中间镶嵌有金黄色“八一”两个字，也被称为“八一”军徽。红星代表了中国人民获得解放，“八一”则是代表1927年8月1日中国共产党领导的南昌起义，打响了反对国民党反动派第一枪，标志着中国人民解放军成立。

陆军军徽就是中国人民解放军军徽。海军、空军的军徽都是以“八一”军徽为主体的。海军军徽以“八一”军徽为主体，衬以银灰色铁锚和一节锚链，代表海军是中国人民解放军的一部分，捍卫祖国广阔的领海。空军军徽是在“八一”军徽的基础上，配以雄鹰的双翼，标志着人民空军是中国人民解放军的一部分，双翼象征人民空军的英勇果敢，也代表着飞机，为捍卫祖国的领空而翱翔。

中国人民解放军军歌

中国人民解放军军歌是《中国人民解放军进行曲》，原名《八路军进行曲》，是组歌《八路军大合唱》里面的一首，由公木作词，郑律成谱曲，于1939年秋天创作于延安。这一年冬天，由曲作者亲自指挥，鲁迅艺术学院合唱队和乐队在延安中央大礼堂首次演出。1940年夏天，登载于《八路军军政杂志》，后来在各抗日根据地广泛流传，受到广大军民的欢迎。

1988年7月25日，经由中共中央批准，中央军委决定把《中国人民解放军进行曲》定为解放军的军歌。中国人民解放军军歌生动地体现了我军的性质、任务、革命精神及战斗作风，真实地反映了我军的光辉战斗历程。正式颁布中国人民解放军军歌，可以激励全军指战员在中国共产党领导下，继承并且发扬我军的光荣传统，努力肩负起保护人民、保卫祖国的重任。高唱中国人民解放军军歌，不仅可以振奋广大士兵的革命精神，同时还可以激发他们的战斗热情、光荣感、自豪感和使命感。

中国人民解放军军歌的歌词为：

向前！向前！向前！我们的队伍向太阳，脚踏着祖国的大地，背负着民族的希望，我们是一支不可战胜的力量。我们是工农的子弟，我们是人民的武装，从无畏惧，绝不屈服，英勇战斗，直到把反动派消灭干净，毛泽东的旗帜高高飘扬。听！风在呼啸军号响；听！革命歌声多么嘹亮！同志们整齐步伐奔向解放的战场，同志们整齐步伐奔赴祖国的边疆。向前！向前！我们的队伍向太阳，向最后的胜利，向全国的解放。

002 中国人民解放军军服和军衔

军服是一个国家军队的着装，军衔、肩章是一个军人的荣誉。军队统一着装，实行军衔制度，佩戴相应的肩章，是实现军队现代化、正规化的必要前提，是加强军队管理、提高军队整体素质的重要保障。

军服

在解放军建军的初始阶段，南昌起义部队穿的还是国民革命军的服装，但是为了区别于国民党军，他们会系上红领巾。南昌起义之后，毛泽东领导的秋收起义，穿的服装样式比较多，在胳膊上佩戴红布袖章，以此来象征起义部队是一支红色部队。这一时期，一部分军服是靠打土豪或从战场上缴获而来，另一部分则依靠当地群众的义务缝制，所以在这一阶段，军队的服装没有统一的样式。

在抗日战争时期，八路军的军服是土黄色的，新四军的军服则

为灰色，布料大都为粗布，也有细布，没有大小号码的区别，上衣一般为二尺五。1949 年 1 月，中央军委的后勤部规定了军服的统一样式：军服为草绿色中山装，一般由棉平布制成，在胸前佩戴长方形的布制胸章，上面印有“中国人民解放军”的字样，头戴解放帽，帽徽为“八一”红五角星。1949 年 10 月的开国典礼，参加阅兵的部队就是穿这种军服。1950 年，我军第一次有了按照级别、军种装备的正式军服，简称 50 式军服，按照陆、海、空三军加以区分，女军人配发裙服，帽子为大帽檐。1955 年为配合军衔制的实施，全军配发 55 式军服，结束了人民解放军单一制式军服的历史，按陆、海、空军依次分为常服、礼服、工作服，并根据相配套的服装发放常服肩章、礼服肩章和领章。1965 年全军换着 65 式军装。陆、海、空和公安部队一律佩戴全红五角星帽徽和全红领章，官兵戴解放帽；陆军军服为草绿色，空军上衣颜色与陆军相同，裤子为蓝色，海军军服为深灰色。1985 年的 85 式军服分为夏服、冬服、大衣、制式衬衣、军帽和标志符号。1988 年全军开始着 87 式系列服装，分为礼服、常服、作训服三大系列，重新设计了陆、海、空三军标志服饰。97 式军服分为礼服、常服、作训服和工作服四大系列 9 个部分。2000 年全军换发 99 式夏服，配发贝雷帽。2005 年空军军服颜色由原来的上棕绿、下藏青统一改为蓝灰色，制式、面料不变，被称为“05 式常服”。2007 年全军换发 07 式军装，07 系列服装最初分为礼服、常服、作训服和服饰系列共四大类 644 个品种，是我军军服史上一次全面系统的改革。2015 年，陆军领导机关、火箭军、战略支援部队成立，全军于年初开始陆续换发 15 式臂章和胸标。2016 年，火箭军官兵启用新式礼（常）服。2017 年，全军统一换发佩戴夏常服帽并取消贝雷帽。

军　衔

军衔是国家授予军人的一种荣誉，以军官的职务、贡献、才能等综合因素作为评定和晋升的标准。中华人民共和国成立初期，我国为了加强我军现代化、正规化建设，从1955年开始实行军衔制，后经历了取消、恢复等多次变革。军衔制的实行可以加强军队指挥和管理，有效地调整军官队伍比例结构，增强军人责任心、荣誉感，提高军官素质，对人民军队建设有着重要的意义。

中国人民解放军军衔制经历了两个历史时期：1955年至1965年的第一次军衔制时期，以及1988年之后的恢复军衔制时期。1955年《中国人民解放军军官服役条例》由第一届全国人大常委会第六次会议通过，中国人民解放军正式实行军衔制，共设6等19级。

元帅2级：中华人民共和国大元帅（大元帅实际未授予）、中华人民共和国元帅。

将官4级：大将、上将、中将、少将。

校官4级：大校、上校、中校、少校。

尉官4级：大尉、上尉、中尉、少尉。

士官3级：上士、中士、下士。

士兵2级：上等兵、列兵。

1965年第三届全国人大常委会第九次会议通过了《关于取消中国人民解放军军衔制的决定》，1965年6月1日正式取消军衔。1980年，邓小平提出要恢复军衔制，1988年《中国人民解放军军官军衔条例》在第七届全国人民代表大会常务委员会第二次会议通过，新的军衔制开始实施。

新的军衔制不再设大元帅、元帅、大将和大尉，而以一级上将为最高军衔。军官军衔设3等11级。

将官：一级上将（实际未授予）、上将、中将、少将。

校官：大校、上校、中校、少校。

尉官：上尉、中尉、少尉。

士兵军衔按如下等级分。

军士：军士长、专业军士。

士官：上士、中士、下士。

士兵：上等兵、列兵。

后经过多次修改，成为现行军衔，共分 3 等 10 级。

将官：上将、中将、少将。

校官：大校、上校、中校、少校。

尉官：上尉、中尉、少尉。

海军、空军、武警在军衔前分别冠以“海军”“空军”“武警”。专业技术军官，在军衔前冠以“专业技术”。还另设有文职干部与学员军衔。

士官军衔设置由低至高为：下士、中士、上士、四级军士长、三级军士长、二级军士长、一级军士长。武警部队还设有礼仪士兵军衔，分为列兵、上等兵、下士、中士、上士 5 级。

003 中国人民解放军战区

中国人民解放军东部战区、中国人民解放军南部战区、中国人民解放军西部战区、中国人民解放军北部战区、中国人民解放军中部战区是我国的五大战区，统称中国人民解放军战区。五大战区以军委管总、战区主战、军种主建为总原则，由中央军委统一领导。战区是我国各战略区域内最高军事领导指挥机关。

2016 年 2 月 1 日，中国人民解放军战区成立大会在北京八一大楼隆重举行。大会上，中共中央总书记、国家主席、中央军委主席习近平向东部战区、南部战区、西部战区、北部战区、中部战区授予军旗并发布训令，指出五大战区的建立是党中央和中央军委着眼实现中国梦强军梦而作出的战略决策，强调五大战区的建立是全面实施改革强军战略的标志性举措，是构建我军联合作战体系的历史性进展，是确保我军能打仗、打胜仗的重要保障，对维护我国领土、领空、领海安全具有极其重要的意义。

国家根据行政区域、地理位置、战略战役方向、作战任务的性质，以及国防建设、军事变革的需要，将人民解放军分为东部战区、南部战区、西部战区、北部战区和中部战区，五大战区履行联合作战指挥职能，战时负责领导和指挥本战略区和战略方向的一切武装力量，平时领导和指导本辖区内各军兵种协同作战的指挥和所属部队的军事训练、政治工作、行政管理和后勤保障，领导辖区内的民兵、兵役动员工作和战场建设。

中国人民解放军东部战区

东部战区的辖区司令部驻南京，陆军机关驻福州，下辖领导和指挥江苏、上海、浙江、福建、安徽、江西区域内的武装力量。

东部战区的海军占中国人民解放军海军力量的 1/2，空军则占空军力量的 1/3，精锐陆军占陆军力量的 1/4，陆军下辖 3 个集团军。

中国人民解放军南部战区

南部战区包括原广州军区和原成都军区的云南、贵州两省及所辖的南海舰队、陆军、空军、火箭军、武警，司令部驻广州，陆军机关驻南宁，下辖领导和指挥广东、广西、海南、云南、湖南、贵州及香港、澳门区域内的武装力量。南部战区的陆军下辖 2 个集团军。

中国人民解放军西部战区

西部战区由原成都军区（除云南、贵州两省）和原兰州军区（除陕西省）辖区合并而成，指挥本战区内的陆军、空军、火箭军和武警，司令部驻成都，陆军机关驻兰州。下辖领导和指挥四川、重庆、甘肃、宁夏、青海、新疆、西藏区域内的所属武装力量。

由于西部战区拥有漫长的边疆线，所以此战区拥有陆军力量的1/3，陆军下辖2个集团军。

中国人民解放军北部战区

北部战区辖东三省加内蒙古、山东（原沈阳军区辖区加内蒙古、山东）及所辖的北海舰队、陆军、空军、火箭军、武警，司令部驻沈阳，陆军机关驻济南。下辖领导和指挥辽宁、吉林、黑龙江、内蒙古和山东区域的武装力量。

北部战区边临朝鲜半岛、俄罗斯远东部分区域和蒙古，是我国国防重点保护区域，陆军下辖3个集团军。

中国人民解放军中部战区

中部战区由原北京军区（除内蒙古自治区）和原济南军区的河南、原兰州军区的陕西、原广州军区的湖北辖区合并而成，指挥战区内的陆军、空军、火箭军、武警，司令部驻北京，陆军机关驻石家庄。下辖领导和指挥北京、天津、河北、河南、山西、陕西、湖北区域内的武装力量。中部战区的陆军下辖3个军。

004 武装力量的建设与发展

武装力量是一个国家长治久安的重要保障，是一个国家抵御外敌、保护领土不被侵犯、维护国家安全的重要力量。中华人民共和国的武装力量是在中国共产党的领导下，在长期革命斗争中形成的。我国的武装力量由中国人民解放军、中国人民武装警察部队、中国民兵组成，肩负着保卫祖国领土不被侵犯、保障人民生命财产安全的重大使命。

中国人民志愿军第 45 师 135 团 9 连通讯员黄继光，在朝鲜战场对上甘岭高地进行反击时，在爆破敌人几个火力点之后，不惜用自己年轻的身躯独挡敌人仅剩的火力点，最终上甘岭战役取得胜利，黄继光被授予“特级英雄”称号，其家乡四川省中江县石马乡改名为继光乡。

2008 年 5 月 12 日，四川省汶川大地震后，中国人民解放军和中国人民武装警察部队立即启动应急措施，采取多种方式赶赴地震灾区参加抗震救灾工作。由于余震不断发生，钢筋、砖块不断地

掉落，不少官兵的手掌被磨破了，却全然不顾，只管埋头抢险救人。在汶川大地震抢险救灾中，参与的官兵人数达14.6万人，涉及地域、动用力量等都创下了中国人民解放军和武警部队救灾的纪录，军队在救灾中的表现也得到社会各界的赞许。

无论是在战争年代，还是在和平时代，人民武装力量始终都是中国人民的坚强后盾，始终把保护人民群众生命财产安全放在首位。在中国战争史上，像黄继光这样英勇无畏的人有很多。在每一次天灾人祸中，我们会看到很多官兵的身影。他们是中华人民共和国武装力量的一分子，肩负着保家卫国的责任，为人民群众撑起一片天。

中国人民解放军陆军

中国人民解放军陆军诞生于1927年8月1日，最初仅由步兵构成，经历了中国工农革命军、中国工农红军、八路军、新四军等不同阶段，于1946年10月改称为中国人民解放军。陆军是负责陆地作战任务的军种，包括机动作战部队、边海防部队、警卫警备部队等。如今的陆军已不像当初成立的陆军那样，只有步兵，而是由多种兵种构成，包括步兵、装甲兵、炮兵、防空兵、工程兵、通信兵、防化兵，以及电子对抗兵等。

按照立体攻防及机动作战的战略要求，陆军需要积极推进从区域防卫型转变为全域机动型，快速发展特种作战部队、轻型机械化部队和陆军航空兵，不断加强数字化队伍的建设，逐步实现部队编成的模块化、小型化，提高空地一体、多能化、远程机动、快速突击和特种作战的能力。

中国人民解放军海军

中国人民解放军海军是进行海上作战的军种，它的主要任务是维护我国领海主权和我国海洋权益，保护我国海域不被侵犯。海军是在陆军的基础上组建的，诞生于1949年4月23日江苏泰州白马庙乡，现有现役官兵20多万人，主要由水面舰艇部队、潜艇部队、海军航空兵、海军岸防兵、海军陆战队等部队组成。舰艇部队又分为北海舰队、东海舰队、南海舰队。

根据近海防御的战略要求，我国海军非常注重提高近海综合作战力量现代化水平，发展先进驱逐舰、潜艇及护卫舰等设备，对综合电子信息系统装备体系进行完善，增强应对非传统安全威胁能力、远海机动作战与远海合作能力，提高战略威慑与反击能力。2012年9月第一艘航空母舰“辽宁舰”交接入列，对我国建设强大海军和维护海上安全具有深远意义。

中国人民解放军空军

中国人民解放民军空军是保护国家领空安全、保持全国空防稳定，在空中作战的军种。中国人民解放军空军成立于1949年11月11日，现有现役官兵近40万人，主要由航空兵、地空导弹兵、高射炮兵、空降兵、雷达兵等兵种组成。

按照攻防兼备的战略要求，空军要加强以侦查预警、空中进攻、防空反导、战略投送为重点的作战力量体系建设，发展新一代作战飞机、新型空地导弹和新型雷达等先进武器装备，完善预警、指挥和通信网络，提高战略预警、威慑和远程空中打击能力。

中国人民解放军火箭军

火箭军是一支积极防御他国对我国实行战略威慑的核心力量。火箭军的前身第二炮兵成立于1966年7月1日，火箭军由第二炮兵更名而来，于2015年12月31日成立，是负责遏制他国对我国实行核武器、遂行核反击和常规导弹精确打击任务的军队。按照精干有效的原则，火箭军加快推进信息化转型，依靠科技进步推动武器设备自主创新，利用成熟的技术有重点、有选择地改进现有装备，提高导弹武器的安全性、可靠性、有效性，完善核常兼备的力量体

系，增强快速反应、有效突防、精确打击、综合毁伤和生存防护能力，战略威慑与核反击、常规精确打击能力稳步提升。

中国人民解放军战略支援部队

中国人民解放军战略支援部队是中国陆、海、空、火箭之后的第五大军种。战略支援部队是维护国家安全的新型作战力量，是我军新作战能力的重要增长点。它是由战略性、基础性、支撑性都很强的各类保障力量进行功能整合后组建而成的。

战略支援部队成立于2015年12月31日，主要负责情报、技术侦察、电子对抗、网络攻防、心理战五大领域，包括特种作战、后勤保障和装备保障等部门。

中国人民解放军联勤保障部队

中国人民解放军联勤保障部队是实施联勤保障和战略战役支援保障的主体力量，是中国特色现代军事力量体系的重要组成部分。组建中国人民解放军联勤保障部队，标志着具有中国人民解放军特色的现代联勤保障体制的正式建立。

中国人民解放军联勤保障部队成立于2016年9月13日，包括仓储、卫勤、运输投送、输油管线、工程建设管理、储备资产管理、采购等部门。

中国人民武装警察部队

中国人民武装警察部队，成立于1982年6月，前身是中国人民公安中央纵队，始建于1949年8月。自2018年1月1日零时起，中国人民武装警察部队由党中央、中央军委集中统一领导，武警部队职能属性不变，不列入解放军序列。

武警部队主要由内卫总队、机动总队、海警总队、院校和科研机构等组成，主要担负执勤、处突、反恐怖、海上维权执法、抢险救援及防卫作战等任务。武警部队设武警总部、指挥部、总队、支队四级领导机关。各省级（市、区）设武警总队，各地级（市、州、盟）设武警支队，各县级（地市辖区、市、县）设有武警大队或中队。

中国民兵

我国民兵是一支不脱离生产的、由中国共产党领导的群众武装组织，是中国人民解放军强有力的助手和后备军，负责执行战备勤务、参加防卫作战、协助维护社会秩序、参加抢险救灾等任务。民兵组织包括基干民兵组织和普通民兵组织，基干民兵组织编有应急队伍、联合防空、情报侦查、通信保障、工程抢修、交通运输、装备维修等支援队伍，以及作战保障、后勤保障、装备保障等储备队伍。民兵建设注重对规模结构的调整，对武器装备的改善，对训练改革的推进，努力提高执行以支援保障打赢信息化条件下局部战争为核心的多样化军事任务的能力。

005 武装力量的神圣使命

1927 年，中国人民武装力量应运而生，自此，它便在中国共产党的领导下，担任起保护国家领土完整，保障国家海、陆、空安全，维护国家利益，保障人民安居乐业的重大使命。人民武装力量始终把国家和人民的利益放在第一位。

2019 年 2 月 9 日，云南省大理市海东镇文笔村后山发生火灾，当时风很大，火势迅速蔓延，很快就形成两千米的火线，1 000 多

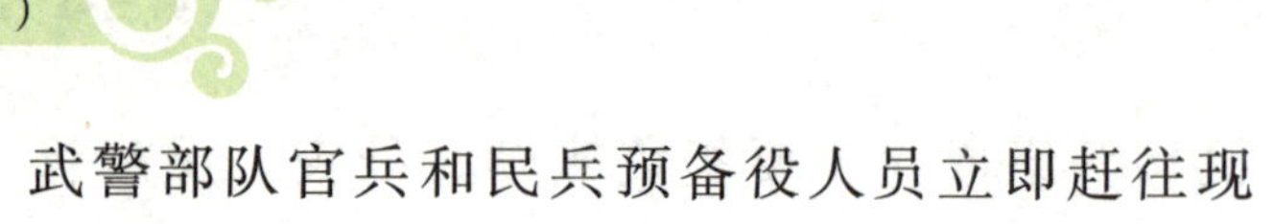

名驻守当地的解放军、武警部队官兵和民兵预备役人员立即赶往现场，历时两天一夜，成功地扑灭大火。

2019 年 2 月 27 日，海军第 31 批护航编队骆马湖舰在海上疾驰了 1 600 多千米，经过 33 小时高速疾驰，成功完成救助在阿拉伯海域作业的福建籍渔船患病渔民黄顺祖的任务。

在每一次灾难事件面前，在每一次人民群众急需帮助时，我们都会看见一个个英勇不屈的身影，为了保障人民群众的生命安全，他们不畏大火、不畏天灾、不畏危险，挺身而出。他们始终站在人民身后，在人民需要的时候及时出现；他们始终站在最前线，为祖国人民保驾护航；他们始终冲在最前端，为祖国人民开拓出一片晴天。他们肩负一个个重大使命，他们为一个个重大使命贡献着青春、抛洒着热血。

保卫边防、海防、空防安全

守卫祖国边界，保护祖国领土、领海、领空不被侵犯，需要陆军、海军、空军、火箭军、战略支援部队、联勤保障部队以及民兵等齐心协力，共同发力。

陆军边海防部队主要驻守在边境、沿海地区及海上岛屿，担负着守卫国家边界、沿海海岸和岛屿不被外敌入侵、蚕食，协助打击恐怖破坏、跨境犯罪等防卫工作。陆军坚持以战备执勤为中心，强化边境沿海地区重要方向和敏感地带、水道、海域的防卫警戒，严密防范入侵、蚕食和越境渗透等破坏活动，及时制止违反边海防法规和改变国界线现状的行为，适时开展军地联合管控、应急处突等行动，有效维护边境沿海地区的安全稳定。

海军主要确保领海不被侵犯，确保海上航行的自由与安全，维护海洋的和平稳定，有效地掌握周边海域情况，及时处理突发事件，严密防范各类窜扰和渗透破坏等活动。

空军是保卫国家空防安全的主体力量，需要日常监视国家领空和周边地区空中动态，随时掌握各种空中安全威胁；要以首都为核心，以边境沿海一线为重点，组织常态化战备值班，能够随时指挥各种空防力量行动；要组织日常防空战斗值班兵力，进行海上空域警巡、边境反侦察和境内查证，处置异常不明空情；要组织航空管制系统，监控飞行活动，维护空中秩序，保障飞行安全。

火箭军是中国战略威慑的核心力量，是中国大国地位的战略支撑，是维护国家安全的重要基石。火箭军按照核常兼备、全域慑战的战略要求，不断增强核威慑和核反击能力，以及战略制衡能力。

战略支援部队优化了我国军事力量结构，提高了综合保障能力。

联勤保障部队主要由仓储、卫勤、运输投送等力量构成，组建联勤保障部队是我军后勤体系重塑的一次革命性飞跃，也是我军后勤建设发展史上的一座重要里程碑。

民兵主要是要积极参加战备执勤、边海防地区军警民联防、哨所执勤和护边控边等行动，协助边海防线上巡逻执勤。

保持战备状态，开展实战化演练

保持常备不懈的战备状态，开展跨区训练，突出对抗训练，拓展远海训练是随时准备执行作战和非战争军事行动任务，有效应对突发情况、安全威胁和完成多样化军事任务的重要保证。开展实战化演习演练，是提高部队实战能力的重要抓手。

陆军日常战备以维护边境正常秩序和巩固国家建设成果为重点，依托作战指挥机构和指挥信息系统，加强战备值班要素整合，探索战区联合值班模式，推进团以上作战部队战备值班系统综合整治，以常态化运行体制、机制保证战备工作落实，形成各战略方向衔接、多兵种联合、作战保障配套的战备力量体系布局，始终保持迅速机动和有效应对的良好状态。

海军日常战备以维护国家领海主权和海洋权益为重点，按照高效

用兵、体系巡逻、全域监控的原则，组织和实施常态化的战备巡逻。

空军日常战备以国土防空为重点，坚持平战一体、全域反应、全疆到达的原则，保持灵敏高效的战备状态，组织常态化空中警戒巡逻，及时查证异常不明空情。

火箭军平时要保持适度戒备状态，按照平战结合、常备不懈、随时能战的原则，加强战备配套建设，构建要素集成、功能完备、灵敏高效的作战值班体系，确保应急反应迅速，有效应对战争威胁和突发事件。

参加国家建设和抢险救灾

除了保家卫国外，人民武装力量还积极参与国家和地方经济社会发展部署，充分利用水电、交通、工程、测绘等专业部队资源和优势，参与援建各地基础设施和重点工程；成建制组织部队和预备役人员积极参与祖国生态环境建设，绿化荒山、防沙治沙、保护湿地等，积极支援京津风沙源治理、环塔克拉玛干沙漠绿化，长江、黄河中上游环境保护等生态保护工程；各部队积极参与社会主义新农村建设，扎实做好扶贫帮困工作，帮助贫困乡镇兴修水利、道路，发展特色产业；各军队院校、科研单位和专业技术部队共同开展贫困地区助学兴教、医疗扶持工作。此外，中国的武装力量还承担最紧急、最艰难、最危险的救援任务，始终是抢险救灾的突击力量，他们承担解救、转移、疏散受困人员，抢救、运送重要物资，参加桥梁、隧道抢修、海上搜救、核生化救援、疫情控制等专业抢险。

维护社会稳定

人民武装力量还要维护社会正常秩序，防范并打击恐怖犯罪活动，保障人民群众安居乐业。武警部队是我国处置公共突发事件、维护社会稳定的中坚力量。在 2009 年 8 月颁布的《中华人民共和国武装警察法》中，明确指出了武警执行安全保卫任务的范围、措施和保障办法，要求武警部队做好重大活动的安保工作，确保完成活动现场警卫、人员安检、重要目标守卫、要道设卡、城市武装巡逻等任务。

维护海洋权益和海外利益

我国除了有广袤的土地资源之外，还有广阔的蓝色国土，即海洋。海洋资源的合理开发和利用关系到我国人民的福祉，海洋权益的保护关乎着国家安全，维护国家海洋权益是我国武装力量的重要职责。海军在日常战备中，联合海监、渔政等执法部门，共同保障国家海上执法、渔业生产、油气开发等活动的顺利开展；配合相关部门开展海洋测绘、气象监测、卫星导航等系统建设工作，及时发布海洋气象与船舶航行信息，确保航行安全。随着改革开放的推进，随着国家利益的拓展，产生了海外公民的安全、海外能源被侵犯等海上安全问题，因此，撤离海外公民、开展应急救援海外行动成了中国人民解放军维护国家利益的一种方式。

006

我军现阶段主要武器装备

一支有良好的武器装备的军队，能在战争中占据绝对性优势。武器装备是建设武装力量必备的物质基础，是打赢战争的关键性工具。随着科学技术的不断发展，信息化、智能化水平的不断提高，我国的武器装备也逐渐向机械化、信息化复合发展，装备管理水平和维修保障能力也不断提高，很多武器都已达到世界先进水平。

武器在战争中具有重要的作用。借助科学技术发展来改善现有武器装备，完善装备管理水平和维修保障能力，推进装备信息系统融合，是提升我军作战能力的物质前提。中国人民解放军因各军种负责管辖的性质任务不一样，各军种的主要武器也不一样。

陆军主要武器

1. 手枪

手枪是指能单手发射，用于近战和自卫的小型武器，在 50 米内有良好的杀伤效果。7.62 毫米手枪、9 毫米手枪和 5.8 毫米手枪都是我军装备的手枪。

2. 自动步枪

自动步枪指推弹、闭锁、击发、退壳和供弹都需要借助火药气体压力和弹簧的作用完成的一种单兵肩射长管武器，400 米以内为有效射程。这种枪常常可以一枪多用，可用刺刀或枪托格斗，也可发射枪榴弹，具有很强的杀伤和反装甲能力。7.62 毫米半自动步枪、7.62 毫米自动步枪和 5.8 毫米自动步枪都是我军装备的步枪。

3. 冲锋枪

冲锋枪指用双手握持并发射枪弹的、比步枪轻便的单兵连发枪械，良好射程在 200 米以内。7.62 毫米冲锋枪和 5.8 毫米微声冲锋枪是我军装备的冲锋枪。

4. 班用轻机枪

班用轻机枪是一种装有两脚架，使用弹匣、短弹链或弹鼓供弹的步兵班的火力支援单位，主要用于中近距离杀伤敌方兵力和掩护其他作战人员行动时压制敌方火力。7.62 毫米班用机枪和 5.8 毫米班用机枪是我军班用轻机枪装备。

5. 高射机枪

高射机枪是一种由枪身、枪架、瞄准装置组成的，用于歼灭低空斜距离在 2 000 米以内的目标的大口径机枪，可用于摧毁、压制地（水）面的敌火力点、轻型装甲目标、舰船，封锁交通要道等。我军装备有 12.7 毫米和 14.5 毫米两种口径的高射机枪。

6. 反坦克火箭筒

反坦克火箭筒是一种发射火箭破甲弹、火箭榴弹或其他火箭弹的便携式反坦克武器，主要用于打击装甲目标、杀伤人员、摧毁工事等。我军有 40 毫米和 120 毫米两种口径的反坦克火箭筒。

7. 单兵防空导弹

单兵防空导弹是一种由单个士兵携带使用的防低空飞机、武装直升机、巡航导弹等低空目标的便携式导弹。因其成本低廉、作战效能高，受到世界各国的重视，我军装备有“前卫 -2 型”单兵肩射防空导弹。

8. 火炮

火炮是一种由火药、燃气、激光、电磁等赋予弹头杀伤能力和方向的、口径超过 20 毫米的单管射击武器。我军有激光炮、电磁线圈炮、加农炮、榴弹炮、迫击炮等所有种类各种口径的火炮。

9. 坦克装甲车

坦克装甲车是一种集火力、保护性和机动性于一身的，能突破敌方防线、消灭敌方步兵的用履带行走的装甲战斗车辆。

10. 军用直升机

军用直升机是一种可以在空中实行侦查、巡逻、布雷、扫雷、

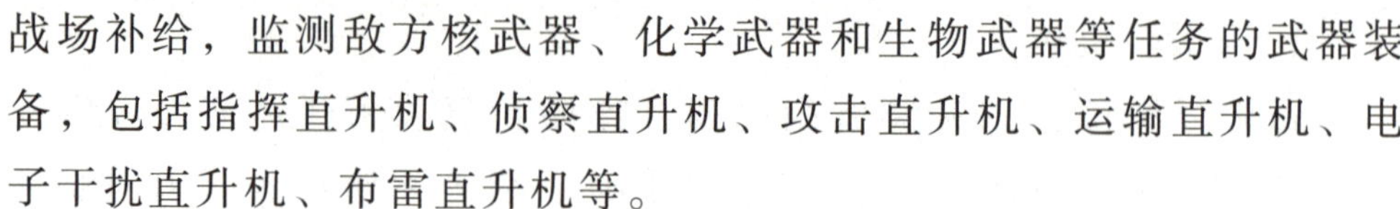

战场补给，监测敌方核武器、化学武器和生物武器等任务的武器装备，包括指挥直升机、侦察直升机、攻击直升机、运输直升机、电子干扰直升机、布雷直升机等。

海军武器

1. 水面舰艇

水面舰艇是一种在水上航行、作业与作战的船只。其中，排水量超过500吨的水面船叫舰，不到500吨的叫艇。水面舰艇常被用来执行海上反舰、反潜、防空、水雷战和对岸攻击等作战任务。它包括航空母舰、驱逐舰、护卫舰艇、布雷舰、扫雷舰艇、登陆舰艇、猎潜艇、导弹艇、鱼雷艇等。

2. 潜艇

潜艇是指在水面下航行和作战的，具有很大军事战略优势的舰艇。我军有各种常规动力和核动力潜艇。

3. 鱼雷

鱼雷是由装有炸弹和引信的雷头、装有导航及控制装置的雷身和发动机和推进器等动力装置构成的柱形水中武器。鱼雷可在舰艇、飞机上发射。它可以自己控制航行方向和深度，具有航行速度快、射程远、隐蔽性能好、命中率高、破坏性大等特点，可用于攻击敌方水面舰船、潜艇或者封锁港口和狭窄水道。

4. 水雷

水雷是一种成本低、威力大、易于铺设、扫除成本高，置于水中、针对舰艇或潜艇的爆炸性武器，被称为“穷国的武器”。

5. 海军作战飞机

海军作战飞机是海军用来在海洋上空执行侦察、反潜巡逻等作战任务的飞机。

空军武器

1. 空军作战飞机

空军作战飞机是一种空军在空中用来对空中、地上、水上、水下等目标物进行攻击或担负其他作战任务的主要武器装备，包括歼击机、强击机、轰炸机、侦察机、反潜机、预警机、电子干扰机、武装直升机、无人机等。

2. 空军导弹

空军导弹指空军航空兵、地空导弹兵用来保卫国家政治、军事要地，进行空中格斗、对地攻击和防空作战的武器装备，可以对敌方坦克、飞机、舰船、导弹和卫星进行打击或拦截。

火箭军武器

1. 地地战略导弹

地地战略导弹是一种自身携带发动机、弹头为核弹头，射程远、杀伤力大、命中精度高、突防能力和生存能力强，能够对敌方实施核反击的战略威慑导弹，是火箭军的主要武器，可分为近程导弹、中程导弹、远程导弹和洲际弹道导弹。

2. 巡航导弹

巡航导弹指依靠喷气发动机的推力和弹翼的气动升力，主要以巡航状态在稠密大气层内飞行的导弹，旧称飞航式导弹。它发射位置灵活，可在陆地、海面或者海下发射，直接攻击固定目标或活动目标。

第四章

军事思想，韬略打造强大的军队

军事思想，作为军事科学的重要组成部分，揭示了战争的本质和基本规律，研究了武装力量建设及其使用的一般原则。当代中国军事思想是以中国共产党的军事思想为核心和主体的。

001

《孙子兵法》的主要内容和影响

《孙子兵法》是我国古代军事理论著作的代表，是春秋时期军事家孙武的作品，古今中外都备受推崇。孙武认为战争是“国之大事”，关系到一个国家和民族的兴衰存亡，需要慎重、科学地对待。他还指出战争是需要强大的经济基础作后盾的，盲目的战争会阻碍一个国家的经济发展。同时，孙武也提出，战争是一个国家实现其政治目的一种方法手段，能拓宽土地，弥补土地资源不足。

《孙子兵法》揭示了战争的客观规律，提出了一套完备的军事思想体系和战略战术原则，给古今中外的军事家、学者、商人等带来了重大影响。

纵然是过了几千年，《孙子兵法》依然具有强大的军事价值，影响极其广泛。书中提到的夺物攻心、一鼓作气、速战速决、管中窥豹、利而诱之、出其不意、知己知彼等都是名扬海内外的军事策略，作者主张的慎战、知战、谋战、备战等作战原则在今天的战场上更是被演绎得酣畅淋漓。

《孙子兵法》现存13篇，约6 000余字，分别为《始计篇》《作战篇》《谋攻篇》《形篇》《势篇》《虚实篇》《军争篇》《九变篇》《行军篇》《地形篇》《九地篇》《火攻篇》《用间篇》，全书的主要内容大致可以分为三个部分。

1. 战前备战需慎重

《孙子兵法》中的开篇《始计篇》指出，战争关系到国家存亡和百姓的安危，需要客观分析战争的动因，要从道、天、地、将、法、军队、士兵等方面进行全面分析，从而科学地决定战争的形式和决策；做好决策之后，要做好充足的作战准备，要客观分析交战双方形（指客观、稳定、易见等性质的因素，如战争的物资储备、军队的战斗力）、势（指主观、易变、带有偶然性的因素，如士兵的随机应变能力）、军事实力、战争条件、军队素质等客观条件，根据利害关系，设定科学目标，为自己创造优越条件，形成我实敌虚、我优敌劣、我强敌弱、我高敌低的必胜和不败之势，不打无准备之仗、无希望之仗。

2. 作战要速战速决

孙武指出，战争是需要强大的经济基础作支撑的。行军打仗需要的兵力、粮草、兵器，每一项都需要很大的开销，一旦作战时间长，不仅会使经济受到巨大损失，而且会使国力衰退，给其他国家制造消灭自己的机会。因此，国家在做好决策之后，必须要追求战争效果，即快速、低耗、代价小、收益高，抓住战机，一鼓作气，速战速决。

3. 善用各类战术

孙武提出了用兵要善于使用战术，用最小的代价获取最大的胜利。书中详细介绍了以实击虚、虚实战术、奇正战术、诡诈战术、机变战术、逸而劳之、安而动之、饱而饥之、攻其不备、出其不意、佯动动敌、攻心夺气、以迂为直等战术，以及如何在多变的战场形势中操作和灵活运用这些战术，消除转化自身不利因素，最终取得战争的胜利。

《孙子兵法》是中国古代兵书的杰出代表，后人深受其中的军事思想、军事策略的影响。历朝历代的军事家、政治家，都从《孙子兵法》中学习如何行军、治国、平天下。以下几点是《孙子兵法》对后人的一些比较重要的影响。

战争观：要重战、慎战，不可恋战、浪战。战争不仅是一项耗费国家财力、物力、人力的军事活动，还是一项关系百姓生命、国家兴衰的大事，务必高度重视。

战略观：速战速决，力求战争效用最大化。双方交战时，要力求以最小的军事代价取得最大的军事目标。战前要做好充足的准备，

不打无准备、无希望的战争，若是被迫用兵时，要速战速决。

知兵论：知己知彼，百战不殆。孙武指出对对方军队信息的掌握程度直接影响着战争是否能取得胜利，全面客观地了解对方军队信息，常常能预见或知道战场的发展形势，能够运筹帷幄，从而取得战争的胜利。

用兵论：出其不意，不拘一格。孙武提出了虚实战术、奇正战术、机变战术等，主张要在各种不可控因素中灵活运用各种战术，抓住主动权，巧妙地处理虚实、多寡、奇正矛盾，不拘一格，出奇制胜。

治军论：施无法之赏，悬无政之令。孙武不主张用重赏严罚来使士兵服从指挥，而是提倡将帅要爱兵，使之亲附，进行思想教育和军纪整顿，从而使官兵服从命令。

002 毛泽东军事思想

毛泽东是伟大的马克思主义者，伟大的无产阶级革命家、战略家、军事家和著名的军事理论家，是中国共产党、中国人民解放军和中华人民共和国的主要缔造者和领导者。毛泽东军事思想，是毛泽东关于中国革命战争、人民军队和国防建设以及军事领域一般规律问题的科学理论体系。它是毛泽东思想的重要组成部分。

1. 无产阶级的战争观和方法论

必须认识和把握战争规律。毛泽东在总结土地革命战争的经验时指出："战争规律，这是任何指导战争的人不能不研究和不能不解决的问题。"同样，"不知道战争的规律，就不知道如何指导战争，就不能打胜仗。"在研究战争的一般规律时，还要注意战争的特殊性，避免犯教条主义的错误；在研究战争的特殊规律时，要注意个人臆断的任意普遍化，避免犯经验主义的错误。

主观指导必须符合客观实际。毛泽东指出：“一切战争指导规律，依照历史的发展而发展，一成不变的东西是没有的。”正确解决主观符合客观的问题，是战胜敌人的关键，是人的因素在战争指导者身上的主要体现。

着眼特点，着眼发展。毛泽东指出：“战争情况的不同，决定着不同的战争指导规律。”“我们研究在各个不同历史阶段、各个不同性质、不同地域和民族的战争的指导规律，应该着眼其特点和着眼其发展，反对战争问题上的机械论。”由于各次战争的情况不同，有时间、地域、性质和对象的差别，因此有其不同的特点和规律。

关照全局，把握关节。全局是事物的整体和发展的全过程，局部是组成事物整体的各个部分和发展全过程的各个阶段。全局统帅局部，局部从属全局，构成全局与局部之间的正确关系。人们通常说，要从大局出发，就是指要特别关照全局、服从全局。对全局关照得好，能推动全局的发展；对全局关照得不好，就会阻碍和破坏全局的发展。

2. 人民军队建设理论

人民军队的性质。毛泽东从“军队是国家政权的主要成分”“是阶级压迫的工具”的原理出发，提出了“枪杆子里面出政权”和“党指挥枪”的思想，指明我军是中国共产党领导下的执行无产阶级革命政治任务的武装集团。坚持中国共产党对军队的绝对领导，是确保人民军队无产阶级性质的根本原则。

人民军队的宗旨。毛泽东指出：“紧紧地和中国人民站在一起，全心全意地为中国人民服务，就是这个军队的唯一宗旨。”全心全意为人民服务的宗旨，是我军建军原则的核心，是我军区别于其他任何军队的本质特征。

人民军队政治工作的三大原则。进行强有力的政治工作，是毛泽东建军思想的一个突出特点。我军的政治工作，随着革命战争的

发展而逐步完善，形成官兵一致、军民一致、瓦解敌军的三大原则。

3. 人民战争思想

毛泽东人民战争思想的内容主要有：坚持中国共产党对人民战争的统一领导，结成最广泛的革命统一战线，实行以人民军队为骨干的三结合的武装力量体制；以武装斗争为主，并与其他斗争形式密切结合；建立巩固的革命根据地；实行灵活机动的战略战术。

4. 人民战争的战略战术

战略上藐视敌人，战术上重视敌人。毛泽东指出："从战略上看，必须如实地把帝国主义和一切反动派，都看成纸老虎——从这点上，建立我们的战略思想。另一方面，它们又是活的铁的真的老虎，它们会吃人的——从这点上，建立我们的策略思想和战术思想。"毛泽东关于帝国主义和一切反动派既是"纸老虎"又是"真老虎"的论断，奠定了人民战争战略战术的基本原则。在战略上，敌人是纸老虎，我们要藐视它，树立敢打必胜的信心。在战术上，敌人又是真老虎，我们要重视它，讲究斗争策略和斗争艺术。

保存自己，消灭敌人。这是战争的目的。毛泽东指出："保存自己，消灭敌人这个战争的目的，就是战争的本质，就是一切战争行动的根据。"进攻，是为了直接消灭敌人，同时也是为了保存自己。防御，是为了保存自己，同时也是辅助进攻或准备转入反攻的一种手段。保存自己、消灭敌人是兵家公认的原则，然而真正加以辩证地认识和运用的并不多见。毛泽东运用辩证唯物主义的方法，指明两者之间的关系是相辅相成的，是对立统一的。

实行积极防御，反对消极防御。毛泽东在讲到攻防辩证统一的积极防御战略思想基本精神时说："积极防御，又叫攻势防御，又叫决战防御。消极防御，又叫专守防御，又叫单纯防御。消极防御实际上是假防御，只有积极防御才是真防御，才是为了反攻和进攻的防御。"这一论述深刻揭示了积极防御的实质和消极防御的要害，指明了积极防御的目的和必然进程。

5. 国防建设理论

中华人民共和国成立前，在毛泽东军事思想的形成过程中，就有关于国防建设的论述。中华人民共和国成立后，毛泽东从实际情况出发，适应新形势、新任务的需要，总结国防建设和军事斗争的实践经验，创立了国防建设理论。毛泽东指出，我们不但要有一个强大的陆军，而且还要有一个强大的空军和一个强大的海军。他亲自领导了我军现代化、正规化建设。在他的亲自主持下，政府颁布了各种条令、条例，开办了各类正规的军事院校，加强了部队训练，颁布了中华人民共和国第一部兵役法，使我军实现了由步兵为主的单一陆军向诸军兵种合成军队的转变。

003 邓小平新时期军队建设思想

邓小平新时期军队建设思想是对毛泽东军事思想的继承和发展，是邓小平重新对中国国情、世界发展形势、现代战争特点、军队建设现状进行分析判断提出的一整套具有中国特色、符合新时期军队建设需要的科学理论，是我国现代化军队和国防建设的根本依据和指导方针。

1. 维护世界和平与发展

十一届三中全会后，邓小平指出，当今我们对战争与和平形势的判断和对外政策已经有所转变。第一，以前我们认为战争是必然的，而且是紧迫的，而今我们应该认识到战争仍然是可能发生的，但是制止战争的因素在不断增加，全世界维护和平的力量不断发展，在一定程度上阻止了战争的发生。可以推测，在很长一段时间内，

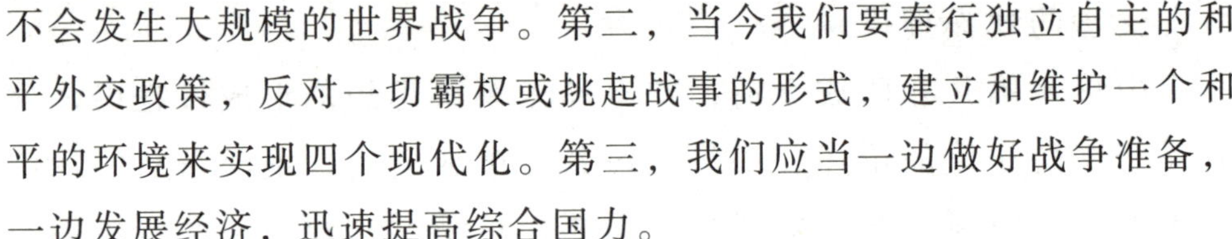

不会发生大规模的世界战争。第二，当今我们要奉行独立自主的和平外交政策，反对一切霸权或挑起战事的形式，建立和维护一个和平的环境来实现四个现代化。第三，我们应当一边做好战争准备，一边发展经济，迅速提高综合国力。

2. 实行积极防御的战略方针

邓小平提出，对于未来可能发生的反侵略战争，我们要采取积极防御的战略方针，在防御中进攻，与人民战争紧密相连。邓小平指出，毛泽东的战略思想就是人民的战争，现在我们也要坚持人民战争，虽然现在人民战争的手段、装备、形式与过去不同，但是我们的武器装备依然落后于发达国家，依然处于劣势，因此，我们要采取积极防御的战略方针，争取做到以弱胜强，用劣势装备战胜优势装备。

3. 建设一支现代化正规化革命军队

邓小平强调，中国人民解放军是人民民主专政的坚强柱石，肩负着保卫社会主义祖国、保卫现代化建设的光荣使命。因此，必须以现代化建设为中心，把我军建设成为一支强大的现代化正规化的革命军队。

4. 党指挥枪，而不是枪指挥党

邓小平指出，我国的军队历来都是听党指挥，绝对服从党的领导，不搞小集团、不搞小圈子、不能打自己的算盘，不能把权力集中在一个或者几个人身上。

5. 精简军事机构，提高军队战斗力

邓小平在刚刚接手军委领导工作时，军事机构臃肿重叠、职责不清，很多工作人员对工作缺乏热情，办事效率低下。因此，他提出要精简机构，提高军队战斗力。

6. 加强军队现代化建设，改善武器装备

邓小平强调四个现代化中最关键的是科学技术现代化。他指出，没有科学技术现代化就不能建设现代化军队，就没有现代化国防。

武器装备是现代化军队和国防的重要标志。因此，我们需要不断吸收和引进国外先进技术，加强和完善装备管理和军工体制，发展属于中国自己的高科技。

7. 把教育训练提高到战略位置

邓小平指出，当下是一个和平的环境，军队干部领导能力、军队综合素质、军事能力、战斗力都需要全面提高，要通过建设军事院校来提高军队政治思想觉悟和加强军事教育训练，建设一支既能打仗、又能参与社会主义建设的，军队和地方都适用的人才队伍。

8. 依法治军

邓小平指出，要完善健全军队的法规制度，增强军队法治观念，严格按照条令、条例和规章制度办事。

9. 做好后勤保障工作

邓小平指出，现代战争对后勤有很大的依赖性。随着军事科学技术的发展和我军武器装备的逐步改善，有关军需给养、物资储备、战场供应等后勤工作也出现了许多新情况。后勤领导干部要着重研究后勤工作的新情况新问题，做好后勤保障工作。

10. 加强和改善军队思想政治工作

邓小平强调，要把军队思想政治工作放在重要位置，要学习四项基本原则、马克思主义基本原理，发扬政治工作的优良传统；要加强社会主义精神文明建设，做有理想、有道德、有文化、守纪律的新人；要发扬不怕苦、不怕死的精神；要顾全大局，眼光长远。

11. 实现干部队伍的革命化、年轻化、知识化、专业化

邓小平指出，选好和培养好接班人是关系到军队建设和未来反侵略战争大局的大问题，是关系到党和国家长远利益的大问题，非解决好不可。选拔干部，首先是政治上要过硬；其次，要实现干部队伍的革命化、年轻化、知识化和专业化。

12. 恢复和发扬我党我军的优良传统

邓小平强调，我军是一支具有优良作风的军队，艰苦奋斗、实

事求是、群众路线、坚持批评与自我批评等都是我军的传统优良作风。我们要谦虚谨慎、戒骄戒躁、心系百姓，踏踏实实地做事，全心全意地为人民服务，恢复和发扬我党我军的优良传统。

13. 发展我国军事科学

邓小平指出，要继承毛泽东军事思想，研究现代条件下的人民战争，发展我国军事科学。在军队中，科研和教育要一起抓。要坚持用马列主义、毛泽东思想的立场、观点和方法提出问题、分析问题和解决问题；要及时研究新情况、解决新问题；理论问题的研究和讨论要执行“百花齐放、百家争鸣”的方针；坚持解放思想、实事求是的思想路线，发扬锐意改革、探索创新的精神，敢于和善于继往开来。

14. 坚持中国特色社会主义道路

“一个中心，两个基本点”是中国特色社会主义道路的基本路线，我们的军队、国家政权都要坚持“以经济建设为中心，坚持四项基本原则，坚持改革开放”这条正确的道路。

004

江泽民国防和军队建设思想

江泽民国防和军队建设思想，是以江泽民同志为核心的中国共产党第三代领导集体，在领导国防和军队现代化建设的实践中，按照“三个代表”重要思想所体现的时代性和先进性要求，围绕解决“打得赢、不变质”两个历史性课题，创立的军事指导理论。

1997 年，江泽民指出：“对于新时期军队建设，有两个最重要的问题是我始终加以关注的：一个是在复杂的国际环境中，我军能不能跟上世界军事发展的趋势，打赢未来可能发生的高技术局部战争；一个是在社会主义市场经济和对外开放条件下，我军能不能保持人民军队的性质、本色和作风，始终成为党绝对领导下的革命军队。”两个历史性课题的提出，是对新时期我军建设主要矛盾和任务的深刻洞察和准确把握，抓住了军队建设中根本性和全局性的问题，确立了新时期军队建设的大思路。

根据军队革命化、现代化和正规化建设的实践，江泽民提出了“政治合格、军事过硬、作风优良、纪律严明、保障有力”的“五句话”总要求，并提出了人民军队要打得赢、不变质，要加强科技强军。

政治合格。江泽民强调，人民军队是党的军队，要绝对服从党的领导，坚决拥护党的路线、方针、政策，始终听党的指挥、跟党走，永远忠于党、忠于社会主义、忠于人民。要不断加强军队思想政治教育，保证军队思想道德纯洁，崇尚科学、反对迷信。在听党指挥的政治立场上，要始终保持头脑清醒、立场坚定、旗帜鲜明。

军事过硬。江泽民强调，打得赢始终是人民军队的根本职能和神圣使命。人民军队要把战备、训练、科研等工作落到实处，军事技术要熟练，战略战术要灵活运用，学习有关军事的科技信息化知识，练好基本功，胜任本职工作，随时准备参与作战和急难险重任务，高质量地完成党和人民交给的任务。

作风优良。江泽民强调，自红军时代起，人民军队就形成了一套优良作风：勤俭节约，艰苦奋斗，团结人民；信守承诺，说到做到；英勇顽强，坚韧不拔；与时俱进，开拓创新；公正廉洁，一心为民。新时代人民军队要继续发扬传统的优良作风，要努力做一名守纪律、会打仗、有担当、善团结的合格军人。

纪律严明。江泽民指出，党对军队的绝对领导是我军永远不变的军魂，人民军队要绝对服从党的指挥，严格遵守军规军纪，令行禁止，严整军容，举止文明，不违规、不泄密、不制造事故。

保障有力。军队的后勤保障是指要保障军队的武器装备跟得上时代，保障军队训练、物质文化设施齐全，保证军事文化教育实施；落实军队经费、物资管理制度；保证军队伙食定量达标；保证官兵着装得体、心理健康，卫生防病防疫达标。

根据新时期军事的变化与需求，江泽民提出科技强军战略，以科学技术为推动力，推动军事训练改革，将军事训练的重点转向研究高技术局部战争作战理论、作战方法和学习高科技知识，提高高技术作战技能。他认为，科技练兵是对我军传统训练的一项重大改革。新时代人民军队要与时俱进，学习并积累科技知识，将科学技术运用到军事训练上来，创新训练，转化科技成果，努力让科学力量促使军事训练发生质的飞跃。

科技练兵的主要内容：将高科技成果转化为新的训练手段，在训练中加大科技的投入，革新训练器材，让人民军队在训练中学习高科技知识、掌握高技术装备；坚持训战一致原则，开展新的“三打三防”训练，即“打隐形飞机、打巡航导弹、打武装直升机，防精确打击、防电子干扰、防侦察监视”，演练打赢高技术战争的技能和战法；顺应时代要求，将打赢高技术战争所必需的能力作为训练标准，培养高素质军事人才。

打赢高技术条件下局部战争：从国际关系全局和国家发展大局，谋划“打得赢”；国防建设要贯彻积极防御的战略方针；坚持和发展人民战争思想，发挥人民战争整体威力；确立科技强军的思想，实现“两个转变”；培养和造就大批高素质新型军事人才；加快发展“杀手锏”，实现武器装备现代化。

坚持人民军队的性质、本色和作风，保证“不变质”。党对军队的绝对领导是我军永远不变的军魂，把思想政治建设摆在全军各项建设的首位，在继承优良传统的基础上大胆改革创新。

005 胡锦涛国防与军队建设思想

21 世纪，中国的发展进入了一个重要的战略机遇期。胡锦涛以政治家和战略家的远见卓识与战略智慧，着眼时代特点，立足维护国家安全和发展利益的大局，依据国际国内环境的发展变化，新世纪新阶段国防与军队建设的客观实际，提出了关于加强国防和军队建设的一系列重要论述。

把思想政治建设摆在军队建设的首位。要增强思想政治工作的针对性和时效性，改进思想政治教育的内容、形式和手段，加强军

队各级党组织的建设。

坚持党对军队的绝对领导。这是我军的立军之本，是我军永远不变的军魂。要保证枪杆子永远掌握在忠于党的可靠的人手里。

军队要强化战斗精神，树立敢打必胜的信心。强化战斗精神是对我军优良传统的继承和发扬，是以劣胜优的必然要求，是谋求战斗力优势的重要途径。

军队要认真履行新时期的历史使命。军队为党巩固执政地位提供重要的力量保证，为维护国家发展的重要战略机遇期提供坚强的安全保障，为维护国家利益的拓展提供有力的战略支撑，为维护世界和平与促进共同发展发挥重要作用。

统筹国防和军队建设，打赢信息化战争。胡锦涛同志指出，坚持在国防和军队建设中贯彻落实科学发展观，首要问题是坚持国防建设和军队建设全面协调可持续发展的方针；还要坚持“五个统筹”，即“统筹中国特色军事变革与军事斗争准备，统筹机械化建设与信息化建设，统筹诸军兵种作战能力建设，统筹当前建设与长远发展，统筹主要战略方向与其他战略方向”。

加强军队全面建设，提高信息化作战能力。随着信息时代的到来，世界各国都在加快信息化军队建设的步伐。我军要加强全面建设，提高信息化作战能力，打赢信息化战争。

推进中国特色军事变革，加快军事创新。军事创新是军队实现持续发展的动力之源和必要条件，加快军事创新是加速推进中国特色军事变革的内在要求，也是我军履行新的历史使命的客观要求。军事创新包括创新军事理论、创新军事组织体制、创新军事技术和创新军事管理。胡锦涛同志指出，我们要努力适应军队现代化建设的新形势，更新管理观念，加强现代管理知识的学习，大力提高科学管理的能力。要深化管理体制改革，促进资源的有效配置和综合集成，努力实现人力、物力、财力的最佳组合，产生最大效益。要着眼于新的时代特征、履行新的历史使命，加强军事管理思维、军事管理模式和军事管理理论的创新。只有搞好这些重点领域的改革创新，军队的战斗力才能够得到大幅度的提升，才能使军队的全面建设跃上一个新的台阶。

坚持依法从严治军。依法从严治军是提高军队建设质量和效益的重要保证。把作风纪律建设作为核心内容，不断提高依法管理的水平。

坚持国防建设与经济建设协调发展。正确处理经济建设与国防建设的关系；把国防建设融入现代化建设全局之中，建设一支同我国安全和发展利益相适应的军事力量。胡锦涛同志提出，要在国家经济发展的基础上，努力建设一支同我国安全和发展利益相适应的军事力量，确保全面建设小康社会目标的顺利实现。如果把20世纪视为“战争和对抗的世纪”，那么21世纪则是“竞争和淘汰的世纪”。为了防止被“边缘化”，世界各国特别是一些大国，无不把抓住战略机遇期，发展和壮大自己作为首要的战略选择。“机之不至，不可以先；机之已至，不可以后。”战略机遇期具有很强的时效性和挑战性，抓住了就是契机，抓不住就是危机。在人类社会的发展史上，一个国家或民族，因抓住机遇而走向强盛、因丧失机遇而逐渐衰落的事例屡见不鲜。战略机遇期的形成是多种因素相互影响、相互作用的结果，但必须具备安全和发展两个方面的条件。一个巩固的国防，一支强大的军队，始终是国家安全与经济发展的基本保障。

006 习近平强军思想

习近平强军思想是马克思主义军事理论中国化、时代化的新飞跃，是一个内容丰富、逻辑严密、体系完备的科学理论体系。2013年3月11日，习近平主席在十二届全国人大一次会议解放军代表团全体会议上明确提出：建设一支听党指挥、能打胜仗、作风优良的人民军队，是党在新形势下的强军目标。党在新形势下的强军目标，集中概括了我军建设的根本原则、根本职能、根本宗旨，体现了军队革命化、现代化、正规化相统一的全面建设思想，深刻反映了我们党建设强大人民军队的不懈追求，丰富发展了党的军事指导理论，为新形势下加强国防和军队建设指明了方向。

党在新形势下的强军目标，是习近平主席提出的重大战略思想，内涵丰富、意蕴深远。听党指挥是灵魂，决定军队建设的政治方向；能打胜仗是核心，反映军队的根本职能和军队建设的根本指向；作风优良是保证，关系军队的性质、宗旨、本色，三者相互联系，密不可分。

1. 听党指挥是灵魂

贯彻落实强军目标，要始终抓住听党指挥这个强军之魂。强军必须铸魂，必须把听党指挥作为军队建设的首要原则，铸牢听党指挥这个强军之魂，毫不动摇地坚持党对军队绝对领导的根本原则和制度，确保部队绝对忠诚、绝对纯洁、绝对可靠。习近平主席指出，无论战争形态怎么演变、军队建设内外环境怎么变化、军队组织形态怎么调整，党对军队绝对领导的根本原则和制度必须始终不渝地坚持。这个最根本的问题守不住，军队就会变质，就不可能有战斗力。推进中国特色的军事变革，如果削弱甚至丢掉了党对军队绝对领导的根本原则和制度，就会在变革中断了我们的根，丢了我们的魂。我们这支军队，始终置于中国共产党这样一个先进政党的绝对领导之下，才始终保持了统一的意志、坚强的团结、铁的纪律，既没有被外部敌人所撼倒，也没有被内部的野心家所分裂；才始终保持了强大的战斗力，从小到大、由弱到强，无坚不摧，无往不胜；才始终赢得了人民群众的爱戴和支持，有了不竭的力量源泉，发展成为一支具有铁的纪律、顽强战斗精神和高超战略战术的强大军队。新形势下，我军肩负着维护国家主权、安全、发展利益的重大责任，肩负着为实现强国梦提供坚强力量保证的神圣使命。只有毫不动摇地坚持党对军队的绝对领导，才能有效应对复杂环境的考验，自觉担当起党和人民赋予的各项使命任务。

2. 能打胜仗是核心

习近平主席指出，能打胜仗是核心，反映军队的根本职能和军队建设的根本指向。面对新的战争形态、作战样式，能不能决战决胜、赢得战争，这是习近平主席思考和强调最多的问题。强军兴军的最终目的，就是能打仗、打胜仗。能打胜仗是军队履行职能的根本要求。实现强军目标，要求我军任何时候、任何情况下都能够做到上得去、打得赢。这是党和人民对军队的根本要求，是我军履行职能、不辱使命的根本体现。准备打仗、能打胜仗，对任何一支军队来说，都是生存、发展和壮大的永恒课题。军队要不断提高军事威慑力和实战能力，确保做到招之即来、来之能战、战之必胜。军队要从实战需要出发，从难从严训练。军事训练是打胜仗能力生成的基本途径，是做好军事斗争准备的关键性工作。在训练中要把培育敢打敢拼的战斗精神摆在突出位置，发扬大无畏的英雄气概和英勇顽强的战斗作风，不断强化军人的血性和胆气。

3. 作风优良是保证

作风优良是我军的鲜明特色和政治优势。只有作风优良的军队，才能得到人民群众的广泛支持，才能拥有战胜敌人的坚实基础。作风优良可以塑造英雄部队，作风松散可以搞垮常胜之师，这是古往今来军队建设的一条基本规律。作风连着凝聚力。对一支军队来说，强大的凝聚力是完成各项任务的重要前提和基础。习近平主席把军队的作风建设提升到战略高度，要求全军上下以踏石留印、抓铁有痕的劲头正风肃纪。习近平主席反复强调，我军人民军队的性质永远不能变，老红军的传统永远不能丢，艰苦奋斗的政治本色永远不能改。

4. 贯彻依法治军、从严治军方针

依法治军、从严治军是建设强大军队的铁律。依法治军、从严治军，军队才能形成严明的作风和铁的纪律，始终保持强大的凝聚力和战斗力。军纪凝聚战斗力，令严才能壮军威。我党在领导人民军队的长期革命战争和建设实践中，始终保持依法治军、从严治军

的优良传统。

习近平主席深刻揭示了依法治军、从严治军在建设强大军队中的基础地位和基石作用，开辟了我军依法治军、从严治军的新境界。

5. 加强军队党的建设

这是军队全部工作的基础和关键，广大党员干部是建军治军的骨干。只有从严治党、从严治官，才能更好地夯实强军之基，使依法治军、从严治军方针真正落到实处。习近平主席和中央军委始终把加强军队党的建设摆在突出位置紧抓不放。中央军委制定了加强自身作风建设的“十项规定”，召开专题民主生活会对照检查，带动各级领导干部大力改进作风；召开全军党的建设工作会议，深入研究军队建设重大问题，出台一系列制度规定；深入推进党风廉政建设，建立军队巡视制度，先后多次对违反中央“八项规定”和军委“十项规定”精神的典型问题进行专门通报，起到了很好的警示教育作用。好作风是抓出来的，也是党员干部带出来的。广大党员干部要自觉接受组织和群众的教育管理监督，始终把自己置身于组织视野之内、法规约束之中、群众监督之下。习近平主席指出，形式主义、官僚主义、享乐主义和奢靡之风，以及发生在士兵身边的不正之风，一个对领导干部腐蚀性最强，一个对广大官兵杀伤力最大，必须着力加以克服。要以壮士断腕、刮骨疗毒的决心，加大力度解决难点问题。通过纠治“四风”，努力把军队各级党组织建设得更加坚强、更加有力，从思想上、组织上和作风上为实现党在新形势下的强军目标提供坚强保证。

第五章

军事技能，要有能打胜仗的过硬本领

军队掌握过硬的军事技能是打赢战争的必要前提。射击、定向越野、武装泅渡、战术动作等都是基本的军事技能，只有把这些基本功打扎实了，再加之利用先进的武器装备，人民军队才能在战争时期保证“召之即来、来之能战、战之必胜”。

001 掌握枪与射击的本领

作为一名高中生，需要学习有关枪的常识，了解各种枪的战斗性能、主要机件名称和用途，掌握射击的本领。在枪械射击中，只有熟练掌握射击原理、枪械构造、气候环境、射击动作、扣动扳机方式、调整呼吸频率、瞄准击发的节奏等每一项技能，才能提高射击命中率。

手枪的常识

1. 手枪的战斗性能

手枪是一种结构简单、轻巧便于携带的武器，常常被人民警察用来威慑和制服犯罪分子，保障人民群众的生命财产安全。

2. 主要机件名称和用途

手枪一般由枪管、弹匣、套筒、套筒座、复进机、击发机六个部分组成。

(1) 枪管：枪管主要控制子弹飞行的方向，枪膛在枪管内，枪膛包含了容纳子弹的弹膛和保证子弹稳定飞行的线膛。

(2) 弹匣：弹匣是放置子弹的地方，主要功能是容纳和托送子弹。

(3) 套筒：套筒用来固定枪管、瞄准目标、发送子弹、退出弹壳等，容纳了枪管和复进机。

(4) 套筒座：套筒座将套筒和枪管连接起来，装了击发机和弹匣，方便用手握持。

(5) 复进机：复进机由复进簧、复进簧导杆和复进簧帽组成，用以使套筒回到前方位置。

(6) 击发机：击发机由击锤、击发阻铁、压杆、扳机和击发机座组成，与套筒相互作用形成待发和击发。

3. 分解

分解前要先对枪进行检验，验枪时不能将枪口正对着人，要按步骤进行分解，分解后要把拆开的各部件，放在指定位置。具体的分解步骤如下。

(1) 取出弹匣。用右手握住手枪握把，右手拇指按压弹匣卡口，左手取出弹匣。

(2) 卸下连接轴。用右手握住手枪握把，保持手枪枪面向内，再用左手将弹匣盖平齐一端推出连接轴卡簧，使其脱离连接轴。而后，用左手手掌抵住枪口部，中指扣住扳机护圈，将套筒稍向后推，左手食指顶连接轴头部，右手卸下连接轴。

(3) 卸下套筒。用右手握住手枪握把，左手握住套筒，用食指、中指抵住复进机，这样做是为防止复进机弹出，慢慢取下套筒。

(4) 取出复进机。将左手掌心向上握住套筒，保持复进机呈向上状态，右手拇指、食指和中指捏住导杆，压缩复进簧并向上提拉，取出复进机。

(5) 取出枪管套。用右手握住套筒，左手将枪管套转动半圈

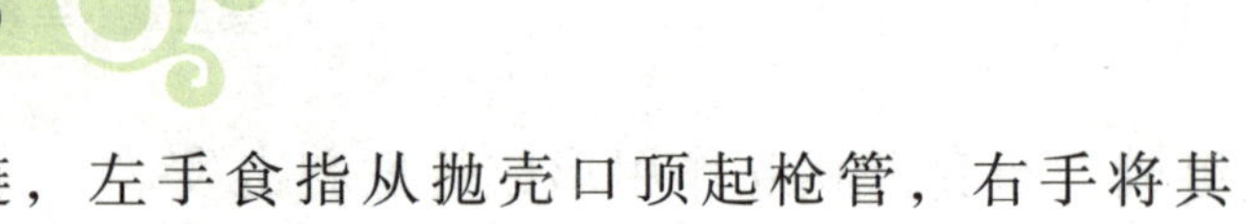

取下。而后，放倒铰链，左手食指从抛壳口顶起枪管，右手将其取出。

(6) 取出击发机。用右手握住手枪握把，左手向上直接取出击发机。

4. 结合

手枪部件结合时需要按照一定的顺序进行，具体步骤如下：

(1) 先装击发机。用右手握住手枪握把，左手将击发机装在套筒上。

(2) 装上枪管和枪管套。用左手握住套筒，保持枪面向下；右手握住枪前端，使铰链保持向上；把枪管插入套筒，再把枪管套装入套筒，转动半圈定位。

(3) 装上复进机。左手掌心向上握住套筒，竖起铰链，右手拇指、食指和中指捏住复进机导杆座，将复进机插入复进机巢内，压缩复进簧，让导杆座完全卡住枪管凸出部。

(4) 装上套筒。右手握住手枪握把，把套筒座的导棱正对套筒的导槽，左手将套筒向后推到定位。

(5) 装上连接轴。左手掌心抵住枪口，中指扣住扳机护圈，将连接轴插入链接孔内。

(6) 装上弹匣。所有部件安装完后，拉动套筒，检查机件是否在正确位置，再装上弹匣。

5. 保管

枪支要定期擦拭，不能放在易燃易爆物品旁边，要注意防水、防潮、防晒。

6. 检查

所有枪支装备部件都要进行定期检查，枪支使用前后及使用过程中，要随时检查。

射击要领

1. 射击原理

正确掌握射击原理，可以提高射击命中率。射击原理涉及以下三个要素：

发射：将子弹从枪膛内推送出去的过程。

后坐：发射时，武器向后运动的过程，分为膛内后座和膛外后座，对射击稳定性和杀伤效率有一定影响。

弹道：子弹飞行过程路线，常常会受到空气阻力和重力的影响。

2. 射击动作

射击动作是射击训练的核心，只有熟练掌握正确的射击动作，才能提高命中率。射击动作包括射击准备、射击实施、射击停止。射击准备包括验枪、装子弹等，这些动作要根据口令执行。射击实施过程中，要注意据枪、瞄准、击发技能的运用。

002 越野训练强身健体

习近平主席在十九大报告中提出，军队是要准备打仗的。因此，军队要始终牢记“当兵打仗”的标准，始终按照战斗力标准筹划训练。虽然现在作战装备先进、作战行动越来越科技化、信息化、机械化，缩减了步兵、装甲兵徒步战斗的距离，但是士兵依然需要有过硬的体能、坚韧的意志力。高中生进行五千米越野训练，有益于磨炼吃苦品质、提升意志力。

1. 五千米军队越野的来历

五千米越野分为武装越野和轻装越野，是中国军队训练的传统项目。

对于武装越野来说，需要士兵穿军靴和作战背心，背行囊、戴钢盔帽、扛步枪、背水壶，带急救包、弹夹等约大概20公斤的负重。对于作战部队来说，还会增加一些重量。轻装越野是不需要负重的。士兵五千米轻装越野的及格时间为25分半，20分钟以内的为素质良好者，18分钟左右的为优秀。

对于五千米军队越野的来历有不同的说法。第一种说法，是说在以前的战争活动中，各个军种或营地之间的距离大致都在五千米左右，当一方与敌军交战时，周边的军队要立刻赶去支援。第二种说法，在以前我军是典型的摩托化步兵，要在距离前线大约五千米处下车，士兵们要携带武器装备，行军五千米至前线投入战斗，而且当时炮兵与步兵的间隔也在一到五千米内，因此，五千米越野跑在当时是一项很贴近实战的训练项目。第三种说法，由中国军队铁脚板而来，是指在革命战争时期，五千米以内的距离，我们的军队多次用双脚跑过了车轮，从此中国人民解放军的双脚被称为“铁脚板”。科学地说，五千米越野是对士兵体能和毅力的锻炼，如果超过五千米，强度过大，反而会起不到训练的效果。

2. 军队越野的意义

军队越野是士兵强身健体的基础训练。军队是为打仗、打胜仗而建立的，拥有强健的身体是打胜仗的基础。越野最基本、最明显的意义便是可以增强士兵体能。常言道：身体是革命的本钱。军人肩负着保家卫国的使命，没有健康强健的身体是无法完成使命的。

3. 新时代军队仍需要进行越野训练

随着世界战争形势的变化和国家安全战略的需要，习近平主席提出了强国强军梦，要求全面推进国防和军队现代化建设，树立科技是核心战斗力的思想。现代战争大量使用高端武器设备，信息化程度越来越高。因此，作为一名新时代军人，要不断地提高自身军事文化水平，学习科技文化知识，增强实战能力。无论是学习文化知识、参加实战演练，还是接受重大任务，都需要每一个战士保持强壮的身体素质，拥有顽强的意志力和良好的精神面貌，而这些都需要持续的训练。越野训练不仅可以增强士兵的意志力，磨炼士兵的战斗品质，还能提升士兵的身体素质，改善士兵的精神面貌。

4. 越野常识

五千米不仅是一场速度战，也是一场耐力战。越野之前，要事先做好准备，要进行热身，衣着要松弛有度。在越野训练中，要保持身体每个部位放松，每个动作轻松自然，每个部位相互协调。要控制好跑步的步长和每两步之间的频率，找到自己的节奏，不受别人影响，保持速度均匀，合理分配体能。在跑的过程中，上身保持前倾，尽量把重心放在前脚上，途中要做到自然放松，步幅均衡，头部自然。五千米距离较长，需要消耗很多的体能。在整个越野过程中，对氧气的需求量不断增加，如果在越野过程中出现氧气供给不足，会使士兵感到胸闷、无力、呼吸困难。因此，在越野过程中，正确的呼吸方法是给机体提供足够供氧量的保障。

003 三防与人民防空

三防是指防化学武器、防核武器、防生物武器。化学武器、核武器、生物武器杀伤范围比较广，破坏力极强，持续时间也比较长，会给国家和人民带来严重的经济损失和生命财产损失。

人民防空简称人防，它的主要任务是防范或减轻城市被敌军空袭

所造成的破坏，保护城市人民生命财产安全，保障城市现代化建设。

三防的内容

1. 化学武器

(1) 定义：化学武器跟有毒化学药品或者化学试剂有关，常常是借助装有化学毒剂的炸弹、炮弹或导弹等的爆炸功能来释放有毒化学物品，通过让人窒息、血液中毒、起水疱等方式杀伤人类，因此，化学武器又称为“无声杀手”。

(2) 分类：按毒剂分散的方式分，化学炮弹、航弹、火箭弹、地雷等为一类，是借助炸药爆炸来散播化学毒剂的，称为爆炸分散型；装有化学毒剂的手榴弹、炮弹、毒物航弹等为第二类，主要是借助火药化学反应产生的热源使毒剂蒸发、升华，形成毒烟、毒雾，称为热分散型；第三类称为布洒型，主要有毒烟罐、气溶胶发生器、布毒车、航空布洒器、喷洒型弹药等，是利用高压气流将容器内的固体粉末毒剂、低挥发度液态毒剂喷出，使空气、地面和武器装备染毒。按装备对象分，第一类为步兵化学武器，用于规模小、距离近的攻击或者是化学障碍的设置；第二类是炮兵、导弹部队的化学武器，可对某一处集中进行化学攻击；第三类是航空兵化学武器，可以机动灵活地进行规模大、距离远的化学袭击。

(3) 特点：散播化学毒剂方式多，中毒方式也多，吸入、接触、误食等都可以导致中毒；有毒化学药剂常有剧毒性，杀伤力大，毒性作用强；化学武器引发的伤害不是瞬间的，而是持久性的。此外，由于天气、风力等原因，使得化学武器杀伤范围广而且难以控制。

(4) 防护：化学武器防护的基本方法：一是利用有密闭、滤毒通风等防护设施的工事进行集体防护；二是利用个人防护器材进行防护。利用防护工事进行防护时，应根据指挥人员的命令有组织地进入，不得随意进出，以防带入毒剂，降低防护效能。为了减少工事内氧气的消耗，工事内人员要尽可能减少各种活动。

2. 核武器

(1) 定义：核武器是利用裂变武器（如原子弹）、聚变武器（如氢弹），在裂变和聚变瞬间释放能量产生爆炸，造成大规模杀伤破坏效应武器的总称，包括氢弹、原子弹、中子弹、肮脏弹、冲击波弹、射线弹、核电磁弹、三相弹等。光辐射、冲击波、核辐射、放射性沾染等都是核武器杀伤破坏力大的原因。

(2) 分类：第一种为核分裂型，如原子弹，是指通过核裂变释放大量能量，从而形成连锁反应；第二种是核融合型，如氢弹；第三种是分裂融合型；第四种是加强型。

(3) 特点：核武器反应迅速，能释放出巨大的能量，伴随强大的冲击波、辐射性，杀伤威力大，污染严重。

(4) 危害：核武器爆炸瞬间会产生强大的冲击波，冲击波带来的效应足以摧毁绝大多数建筑物。同时，核武器具有很强的放射性，放射性会对人体和动物造成损害，比如损坏人体的遗传物质，引起人体基因突变等，并造成严重的环境污染。

(5) 防护：遇有核武器袭击，应忌看火球，迅速应进入人民防空工程躲避。人民防空工程深入地下，只要核武器不直接命中，人员在工程内是安全的。室内人员应立即在墙的内拐角或墙根处卧倒，或在靠近墙角的桌下或床下跪趴，也可以在较小的房间内躲避。掩蔽位置应避开玻璃窗，避免被玻璃片击伤。

在室外的人员，发现核爆闪光后应立即就近利用地形地物进行防护，立即背向核爆炸中心卧倒，双手交叉垫于胸前，脸部尽量夹于两臂之间，两肘前伸，双腿伸直并拢，闭眼、闭口、停止呼吸15～20秒。也可就近利用地形地物，如土丘、矮墙、花坛等物防护，可横向核爆炸中心卧倒，也可利用沟、坑、渠等地形防护，方法是立即跃入坑内，跪、坐或卧于坑内，双手掩耳，闭眼、闭口，暂停呼吸。

3. 生物武器

(1) 定义：生物武器是以生物战剂杀伤有生力量和破坏植物生长的各种武器、器材的总称。生物战剂是军事行动中用以杀死人、牲畜和破坏农作物的致命微生物、毒素和其他生物活性物质的统称，是构成生物武器杀伤威力的决定因素。它包括立克次氏体、病毒、毒素、衣原体、真菌等。

(2) 分类：天花病毒、热病毒等为病毒类；鼠疫杆菌、炭疽菌、霍乱菌等为细菌类；球孢子菌、组织孔孢浆菌等是真菌类；肉毒杆菌毒素、葡萄球菌毒素等属于毒素类；鸟疫衣原体为衣原体类；导致斑疹、战壕热等疾病的病原体称为立克次氏体类。

(3) 特点：传染致病微生物极易使人感染，且传染源具有隐蔽性，传播途径多、速度快、范围广；相比化学武器和核武器，生物武器成本低，方法简单易操作；生物武器受天气、地形等很多因素影响，使用不当可能会对使用者本身造成伤害。

(4) 防护：发现生物武器袭击，接到防护指令后，应立即戴上防菌口罩，扎紧裤脚、袖口，颈部围上毛巾。受生物武器污染后要抓紧时间，用消毒包擦拭暴露的皮肤；清除服装、武器和车辆上的生物战剂；服用预防药物，补充接种疫苗，并定期接受医学观察。

人民防空

1. 定义

人民防空是由政府组织动员的、人民群众参与的、为防备受到敌人空中袭击而采取的防范措施。目的是为了保护人民生命、财产的安全，减少国民经济损失，保存战斗力。

2. 措施

一是规定人民防空接受军地双重领导，保证居民能尽快获得敌空袭信息，并参加联合防空袭斗争；二是建立人防警报通信系统，及时指导居民开展防护；三是建立人防工程或疏散基地，保证居民的安全隐蔽；四是组织和训练人防专业队伍，及时消除空袭后果；五是普及人防知识和防护技能，提高居民的自救互救能力；六是人防机构协助社区、企业等制订防空袭、防灾害预案，保证一旦遭受空袭或灾害，能够立即组织居民进入防护状态。

3. 警报

预警：预先告诉人们，城市即将遭敌空袭，要求做好防空袭的准备。规定音响信号鸣 36 秒，停 24 秒，重复 3 遍为一个周期，时间为 3 分钟。

空袭：表示敌方空袭即将或已经开始，警告人们迅速隐蔽。规定音响信号鸣 6 秒，停 6 秒，重复 15 遍为一个周期，时间为 3 分钟。

解除：表明空袭或战情暂时缓解或已解除。规定音响信号连续长鸣一长声，时间为 3 分钟。

004 不可不知的武装泅渡

武装泅渡是携带武器装备，通过游泳的方式渡过江河的一项重要军事训练项目，是部队展开水域作战的必备技能，在渡海登陆战争中发挥重要作用。武装泅渡时，士兵一般会采用蛙泳和侧泳的方式，以利于保持身体平衡和观察水面动静，并尽量使游动声响小，必要时可利用气袋、竹筒、木筏等漂浮物游进。

开展武装泅渡的意义

1. 向实战化靠拢，提升战斗力

人民军队是要打仗的，是要能打胜仗的。在当今世界军事形势和国家安全不断变化的新形势下，现代化战争越来越复杂多变，渡海登岛是未来战争样式之一。在这样的战争中，武装泅渡是必须掌握的技能，也是赢得战争胜利的重要保证之一。

2. 提升抗洪抢险救灾能力

人民军队除了要遂行军事行动外，还要遂行非战争军事行动，抗洪抢险就是一项非战争军事行动。武装泅渡在抗洪抢险中具有很高的实用价值，可以更好地解救群众、完成水上运输物品等救援工作。

3. 强身健体，提升身体素质

武装泅渡需要一定的力量和耐力，对身体柔韧性要求比较高，可以锻炼战士的心肺功能，提高战士呼吸系统和血液系统的协调能力，提升战士整体身体素质。

武装泅渡的特点

(1) 装备重。正常情况下，单兵要携带 14 千克的武器装备。

(2) 水中阻力大。重物在水中都会往下沉，因此，在向前游行的过程中，水的阻力会很大。

(3) 呼吸困难。一是因为装备太重；二是装备在着水后会裹紧身体，束缚胸背；三是受到水的阻力影响，身体灵活性下降，很容易造成呼吸困难。

(4) 四肢不断发力，易引发疲劳感。武装泅渡时，四肢需要不断发力，加上装备太重，可能会导致呼吸不充分、体内供氧不足，增加疲劳感。

(5) 机动性和隐蔽性强。武装泅渡常采用目标小、声音小的蛙泳进行训练，具有极强的隐蔽性，且武装泅渡在战术中能适应各种战斗，应用比较广泛。

训练前注意事项

1. 整理好着装

开展训练前，要整理好着装，把服装领口、口袋翻出来；把衣袖、裤腿平整地卷到上臂和大腿位置，用带子扎牢以防途中滑脱，要注意卷得不能太紧或太松；把鞋插入腰间，鞋底朝外；保证身上的衣服不兜水、不松散。

2. 将装备分布均匀

要将所携带的装备均匀分布，不妨碍游泳动作，避免在泅渡过程中，重量集中在身体某一部位，影响泅渡。一般情况下，如果重量集中在上半身，会出现呼吸困难、换气费力的情况；若集中在下半身，会造成腿部往下沉，蹬夹水无力现象。

3. 负重前先进行徒手游泳训练

在进行武装泅渡训练时，要先进行徒手游泳训练，掌握游泳技巧，然后采取循序渐进的训练方法，装备由轻到重，距离由短到长，水由浅到深，逐步加大训练强度。

蛙泳训练

蛙泳是最容易学会的泳姿，是武装泅渡常用的训练方式，训练主要分为两个部分。

1. 岸上训练

岸上训练包括手臂划水练习、腿部练习、臂腿结合练习。手臂划水练习：成弓步站好，进行手臂划水练习，配合着吸气、呼气。腿部练习：双手扶地，抬起腿部，左右交替进行收腿、翻脚、蹬夹水练习。臂腿结合练习：借助相关辅助器材，人趴在上面，上半身和腿部悬在空中，模拟水中进行臂腿结合练习。

2. 水中练习

水中练习包括腿部练习、手臂练习、臂腿结合练习。腿部练习：找一处水比较浅的地方，双手撑地，趴在水中，练习收腿、翻脚、蹬水。手臂练习：两人合作，一人趴在水面，一人站在对方后侧两腿之间，双手托住对方大腿，对方开始练习。臂腿结合练习：两人合作，一人趴在水面，另一人托住对方肚子，对方开始练习。

蛙泳的动作要点分为手臂动作和腿部动作。

手臂动作：外划时手臂用力，逐步加速；内划放松，顺势完成。外划要领：手肘伸直，手掌由向下转为向外，边转手掌边将手臂向外伸出。内划要领：掌心由外转向内，手带动小臂加速内划，手由下向上在胸前并拢。前伸要领：双手向前伸，肘关节伸直，拉长上半身，缩窄肩宽，创造流线型。完整动作要领：双手外划时抬头换气，双手内划时收腿低头稍憋气，双手前伸过头时蹬腿吐气。

腿部动作：收腿要领是屈膝收腿，脚跟向臀部靠拢，小腿要在大腿后面慢收腿，这样可以减少阻力。收腿结束时，两膝与肩同宽，小腿与水面垂直，脚掌在水面附近。翻脚要领：两脚距离大于两膝距离，两脚外翻，脚尖朝外，脚掌朝天。蹬夹腿要领：由腰腹和大腿同时发力，以小腿和脚内侧同时蹬夹水，先是向外、向后、向下，然后是向内、向上方蹬水，就像画半个圆圈。向外蹬水和向内夹水是连续完成的。蹬夹水完成时双腿并拢伸直，双脚内转，脚尖相对。蹬水的速度不要过猛，要由慢到快加速蹬水，两条腿将近伸直并拢的时候蹬水速度最快。双腿并拢伸直后，短暂滑行 1 ～ 2 秒。

突发情况

(1) 水中抽筋。在泅渡过程中出现抽筋，要保持镇静，可以通过慢慢牵拉肌肉，使痉挛的肌肉得到缓解。

(2) 人员溺水。武装泅渡时发现有人溺水，要立刻将其救上岸，迅速清理溺水者鼻腔及口腔里的泥土和异物，将其舌头拉出，按压其腹部，帮助将水倒出，实施人工呼吸，进行心肺复苏，及时送至医疗点救护。

005 战术动作的训练

当今的战争越来越趋向于信息化，对军队的专业基础知识和身体素质要求越来越高。战术动作属于战士必须掌握的一项军事技能，可以提高军队整体作战能力和凝聚力，增强战士身体素质，是打赢

战争的基础。

在军队战术训练中，有一些基本的动作是需要每一个战士掌握的，像持枪、卧倒、前进等。

持 枪

持枪是一个战士必须掌握的最基本的技能。在不同的战争中，因地形条件、敌方情况及战争目的的不同，需要战士选择不同的持枪方式完成作战任务。一般分为单手持枪、单手擎枪、双手持枪和双手擎枪四种方式。

(1) 单手持枪：对于普通的枪，用右手持枪，左臂自然下垂，运动时自然摆动。动作要领：右臂微曲，右手虎口正对上护木握枪（背带上挑压于拇指下），借助右手五指的握力，固定抢身，保持枪身轴线与地面略成45度，枪身距身体约10厘米；持95式自动步枪、轻机枪和40式火箭筒时，右手握提把，右大臂轻贴身体，运动时随身体自然运动。

(2) 单手擎枪：右手持枪，左手自然下垂或攀扶某个物体，运动时自然摆动即可。动作要领：用右手正握枪的握把，右手食指微接扳机，背带自然下垂，放在身体右侧，枪口朝上，机匣盖尾部贴在肩窝处，枪身稍微向前倾，枪面朝后，右大臂里合，枪托贴于右肋（枪托折叠时除外），眼睛直视前方。

(3) 双手持枪：左右手相互配合，背带可挂在后颈或自然下垂。动作要领：左手托握下护木或弹匣弯曲部，右手握住抢握把，食指微接扳机，枪身放在胸前，枪口向前，枪身略呈水平状态。

(4) 双手擎枪：以单手擎枪为基础，左右手互相协调。动作要领：在单手擎枪基础上，左手托握下护木或弹匣弯曲部，枪身略低，枪口对向前上方，背带自然下垂或压于左手下，身体与射向略成30度。

卧 倒

在打仗或行军过程中，士兵突然遭遇敌军袭击时，要迅速卧倒，防止被敌军火力射伤，一般分为双手持枪卧倒、单手持枪卧倒和徒手卧倒三种。

(1) 双手持枪卧倒：以当时的地形为基础，可以选择两种方式卧倒，地形松软时，可按双膝、双肘、腹部顺序卧倒，或者将左脚上前一步，按左膝、左肘、左小臂的顺序卧倒，而后转体，全身伏地。整个过程中，要将身体前倾、重心前移，两只手共同将枪向目标方向送出。

(2) 单手持枪卧倒：按手、膝、肘的顺序卧倒。卧倒时，左脚或右脚上前一大步，身体前倾，依顺序卧倒，同时，右手将枪向目标方向送出，左手接握下护木或弹匣弯曲部，全身伏地据枪射击。

(3) 徒手卧倒：卧倒时，左脚或右脚上前一大步，按手、膝、肘的顺序依次卧倒，卧倒后，双手掌心向下护住头的两侧或交叉于胸前，两腿自然伸直和分开。

起立

与卧倒对应，分为双手持枪起立、单手持枪起立和徒手起立三种。

(1) 双手持枪起立：先观察敌情，而后迅速收腹、提臀，用肘、膝支起身体，左脚先上步，右脚顺势跟进，双手持枪继续前进。

(2) 单手持枪起立：右手移握上护木收枪，左小臂屈回并侧身，臂、腿撑起身体，右脚向前，左脚顺势跟进，继续携枪前进。

(3) 徒手起立：用臂和腿的协力撑起身体，右脚向前，左脚跟进或用双手撑起身体，左脚或右脚向前迈步起立，继续前进。

前进

在战场上为了避开敌人的火力、侦察和视线，需要采取不同的前进方式，包括屈身前进、匍匐前进和滚进三种方式，任何一种前进方式都要注意隐蔽，时刻做好射击准备。

(1) 屈身前进：包括屈身慢进、屈身快进两种。在不清楚敌方情况、与敌方距离又远时，常常采取屈身慢进方式；屈身快进常常在离敌人很近，通过开阔地、敌军火力控制区时采用。

(2) 匍匐前进：包括低姿匍匐、侧身匍匐和高姿匍匐三种姿势。根据前方遮蔽物的高度，选择不同的姿势：前方遮蔽物高 40 厘米时，采取低姿匍匐姿势，将身体平趴于地面，降至最低程度；前方遮蔽物高 60 厘米时，采用侧身匍匐姿势；前方遮蔽物高 80 厘米时，采用高姿匍匐姿态。

(3) 滚进：士兵在成卧倒姿势时，要避开敌人观察、射击而左右移动或通过棱线时采用的运动方法。长距离滚进时两腿要夹紧。在某个位置需要射击时，要保持卧倒射击姿势，迅速出枪。

因地制宜，巧妙变换战术

在战场上，士兵要学会因地制宜，合理借助当时的地形地貌、物体来帮助自己隐蔽、观察和射击。比如田坎、田埂、土堆、坟包、弹坑、土坑、树林、墙壁、门、窗等，要注意避开独立、易燃、易坍塌物体和那些难以通行的地段。

在敌人火力下保存自己，消灭敌人

在战场上，随时都可能受到敌人的攻击。战士要争取在各种情形下保存自己，消灭敌人。战士要学会在遭敌机轰炸、扫射，敌核、化学、生物武器袭击，敌炮火袭击，敌步枪火力封锁，遇敌雷区、定时炸弹、电子侦察器材时，灵活采取各种方法帮助自己和队伍成功、安全地通过开阔地、街道、隘路、山垭口、乱石地、灌木丛、沼泽地、高地、水沟等。

冲击准备与冲击

在战场上，冲击是必须的。战士在冲击前需要做好冲击准备，听到冲击前进命令时，要义无反顾，勇往直前，采取各种方法消灭敌人。战士在冲击前要做好充分的准备，根据不同的冲击目标和任务，采取相对应的冲击动作，比如通过道路，向敌步兵冲击，打、炸敌运动坦克（步兵战车），炸敌坚固火力点，消灭敌步兵等。要注意掌握冲击要领，充分利用地形、工事，以及小镐、小锹、刺刀等。

第六章

国防法规，国防建设的法律保障

法律法规是国防工作正规化、制度化、法制化的充分必要条件，是有关部门执行上级指令和任务的指导，是公民履行义务和权利的依据。

001

《中华人民共和国国防法》

《中华人民共和国国防法》（以下简称《国防法》）由第八届全国人民代表大会第五次会议于1997年3月14日通过，当日即由中华人民共和国主席令第八十四号公布，自公布之日起实施。后根据2009年8月27日中华人民共和国主席令第十八号《全国人民代表大会常务委员会关于修改部分法律的决定》修正，共12章70条。

《国防法》是国家为了加强国防建设，保障社会主义现代化建设顺利推进，根据《宪法》制定的、国家强制实施的法律。目的是为了完善国防体制，加快国防现代化建设，促进国防建设与经济建设协调发展。

国防是国家为防备和抵御侵略，制止武装颠覆，保卫国家的主权、统一、领土完整和安全所进行的军事活动，以及与军事有关的政治、经济、外交、科技、教育等方面的活动，是国家生存和发展的保障。

我国始终坚持全民自卫原则，实行积极的防御政策。我国在和平稳定的社会环境中，独立自主、自力更生地建设和巩固国防，反对霸权主义和强权政治，不欺负弱小国家，不攀附大国强国，不侵犯别国领土，也不容别人侵犯我国领土、主权，始终坚持"人不犯我，我不犯人，人若犯我，我必犯人"的立场。

保卫祖国，抵御侵略是每个公民的神圣职责，每个公民都应该依法履行国防义务。公民应当接受国防教育，增强国防观念及国防安全意识；应当支持国防建设，保护国防设施，保守国防机密，为国防建设建言献策。

中华人民共和国武装力量属于人民，由中国共产党领导，肩负巩固国防、抵御侵略、保卫祖国、保卫人民、维和处突、救援联演、参与国家现代化建设等多项使命，需要不断加强军事训练，开展政治工作，提高现代化战争的战斗力水平。

国防活动由国家实行统一领导。战争与和平问题由全国人民代表大会决定，战争状态的宣布及全国总动员或局部动员由全国人民代表大会常务委员会决定，中华人民共和国主席宣布战争状态、发布动员令，国防建设事业由国务院领导和管理，全国武装力量由中央军事委员会统一领导和指挥。

国家建立和完善国防科技工业体系，实行军民结合、平战结合、军品优先、以民养军的方针，发展科研生产。对国防科研生产实行统一领导和计划调控，保障国防军事工业体系建设，加强高新技术研究，发挥高新技术在武器装备中的先导作用，培养国防科学技术人才，为武装力量提供性能先进、质量可靠、配套完善、便于操作和维修的武器装备，以及其他适用的军用物资，满足国防需要。

我国领陆、内水、领海、领空神圣不可侵犯。国家根据边防、海防、空防的作战需求，建设作战、指挥、防护、交通、保障等国防设施，保卫我国领海、领陆、内水、领空安全，维护国家权益。

为增强公民国防观念，提高公民的国防安全意识，各学校、企事业单位、国家机关等应当有组织、有计划地在本地区、本部门、本单位开展国防教育。国防教育贯彻全民参与、长期坚持、讲求实效的指导方针，实行经常教育与集中教育相结合、普及教育和重点教育相结合、理论教育和行为教育相结合的原则，多部门、多单位、多形式开展工作。

当中华人民共和国主权、统一、领土完整受到威胁时，国家依据《宪法》规定宣布战争状态，采取措施集中人力、物力、财力，领导全体公民保卫祖国，抵抗侵略，进行全国总动员或者局部动员。为了提高国防动员能力，在和平时期，国家要做好动员准备，将人民武装动员、国民经济动员、人民防空、国防交通等方面的动员准备纳入国家总体发展规划和计划，完善动员体制，增强动员能力。此外，国家还需建立战略物资储备制度，为保障战时需要，物资储备应该具备规模适度、储存安全、调用方便、定期更换的特点。根据动员的需要，国家可以依法征用组织和个人的设备设施、交通工具和其他物资。

现役军人必须忠于祖国，依法履行职责，坚决捍卫国家安全、荣誉和利益；严格遵守国家《宪法》、法律、军事法规，严守纪律，执行命令；发扬我军优良传统作风，热爱人民，团结人民，为人民服务；积极参与社会主义物质、精神文明建设。国家要采取有效措施保护现役军人的荣誉、人格尊严，保障现役军人享有与其履行职责相适应的生活福利待遇，优待现役军人家属，对在条件艰苦的边防、海防等地区或岗位工作的现役军人给予生活福利等方面的优待。

国家妥善安置退役或者转业的军人，保障离职退伍军人的生活福利待遇。国家为转业军人提供必要的职业培训，县级以上的人民政府根据转业军人在军队的职务等级、贡献和专长安置转业军人，接收转业军人的单位按照国家有关规定，在生活福利待遇、教育、住房等方面给予转业军人优待。

对于因战、因公致残或者致病的残疾军人退出现役后，国家和社会必须对其生活和医疗依法给予特别保障；对于因公牺牲、病故的军人家属，国家和社会要进行抚恤和优待，在就业、住房、义务教育等方面给予照顾。

中华人民共和国坚持互相尊重主权和领土完整、互不侵犯、互不干涉内政、平等互利、和平共处五项原则，独立自主处理和开展外交军事活动，支持国际社会采取的有利于维护地区和平、安全、稳定的与军事有关的活动，支持国际社会为公正合理地解决国际争端、军备控制和裁军所做的努力，遵守同外国缔结或者加入、接受的有关条约和协定。

《中华人民共和国兵役法》

《中华人民共和国兵役法》（以下简称《兵役法》）指的是在调整国家兵役活动中所产生的各种社会关系的法律规范总称。《兵役法》的主要内容包括：国家的兵役制度，武装力量的组成，公民服兵役的条件、形式及期限，兵员的征集、招收与动员，公民服兵役的权利和义务及奖惩等。

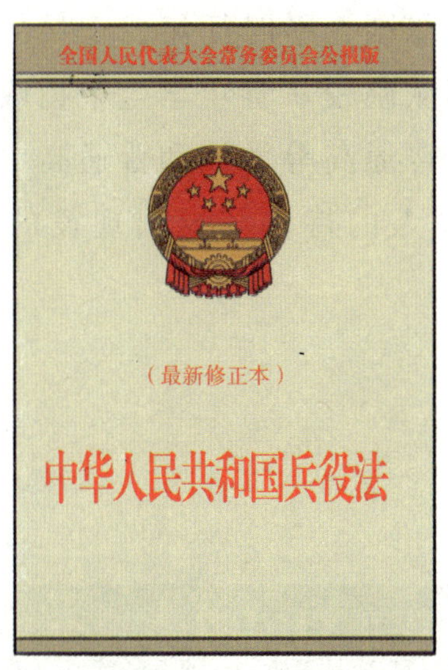

我国的《兵役法》是我国工人阶级及其领导下的广大人民意志在兵役制度方面的集中体现，是我国在新的历史时期建设现代化、正规化的革命军队与现代化国防的重要法律依据。

《兵役法》是在《宪法》精神的指导之下制定的，其目的在于保障军队的兵员补充，加强国家的武装力量建设。

1955年7月我国所颁布的《兵役法》规定实行义务兵役制。1984年5月颁布新的《兵役法》，规定实行义务兵与志愿兵相结合、

民兵和预备役相结合的兵役制度。凡是中华人民共和国公民，不分民族、种族、职业、家庭出身、宗教信仰与教育程度，都有依法服兵役的义务。1998年12月29日第九届全国人大常务委员会第六次会议通过《关于修改〈中华人民共和国兵役法〉的决定》，由国家主席江泽民签署第十三号主席令公布施行。

其后，《兵役法》根据2009年8月27日第十一届全国人民代表大会常务委员会第十次会议《关于修改部分法律的决定》进行了第二次修正，根据2011年10月29日第十一届全国人大常委会第二十三次会议《关于修改〈中华人民共和国兵役法〉的决定》进行了第三次修正。

现行《兵役法》分总则、平时征集、士兵的现役和预备役、军官的现役和预备役、军队院校从青年学生中招收的学员、民兵、预备役人员的军事训练、普通高等学校和普通高中学生的军事训练、战时兵员动员、现役军人的待遇和退出现役的安置、法律责任、附则，共计12章74条。

003

《中华人民共和国国防教育法》

《中华人民共和国国防教育法》于2001年4月28日由中华人民共和国第九届全国人民代表大会常务委员会第二十一次会议通过，中华人民共和国主席令第五十二号予以公布，自公布之日起施行。共计6章38条。2018年4月27日全国人大常务委员会对该法做出修正。

加强对学生的国防教育、让学生从小树立国防观念，是关系到国家强弱和民族兴衰的大事。自古以来，有主权的国家和有远见的政治家、军事家，对国防建设都十分重视，同时更加重视对公民开展国防教育。他们认为任何忽视国防教育的想法都是十分危险的。

通过开展国防教育，可以使学生增强国防观念，掌握基本的国防知识，学习基本的军事技能，激发自身的爱国热情，积极履行国防义务。国防观念是指人们对国防的认识和态度；国防知识是指有关国防的基本理论、常识；军事技能训练包括学习防原子弹、防化学武器、防生物武器知识，以及个人防护器材的使用，人民防空知识，战场救护常识，进行射击、投弹、刺杀等军事训练活动，以及越野、跳伞、滑翔、航海、驾驶等军事体育运动。所以，国防教育作为一门相对独立完整的教育学科，其内容是十分丰富的。也可以说，凡是和国防有关的理论、知识、运动等，都是国防教育内容的组成部分。从完整性与系统性两个方面来讲，国防教育主要包含以下内容。

国防历史：任何一个国家和民族的历史都有灿烂和曲折两个方面，正确运用正反两方面的历史经验来进行教育，具有催人奋进的作用。鲜活生动的国防历史教育具有强大的震撼力和影响力。

国防常识：国防常识是国民应该了解的国防基本知识，包括国家防卫知识，例如领土、领海、领空的基本概念，防卫的重要意义及基本原则等；现代战争的基本特点、战时动员的基本要求等。除此以外，还包括国防形势与战备、国防建设等方面的一些知识，如中国人民解放军、武警部队、民兵、预备役部队的主要职责与任务，国防科普知识等。

国防精神：国防精神教育是国防教育的核心内容，主要包括爱国主义精神教育、尚武精神教育以及革命英雄主义精神教育三个方面。

国防理论：国防理论教育是较高层次的国防教育，大体包括国防地位和作用、国防构成、国防建设三个方面的理论。

除此以外，国防法制、国防经济、国防科技、国防外交以及

国际形势、国防体育等同样是国防教育的重要内容。国防教育的这些内容相互联系、相互渗透、相互促进，核心则是爱国主义教育，国防教育的目的是使学生的爱国热情更加高涨，更加积极主动地投身国防建设。

004

《反分裂国家法》

《反分裂国家法》是为了反对和遏制“台独”分裂势力分裂国家，促进祖国和平统一，维护台湾海峡地区和平稳定，维护国家主权和领土完整，维护中华民族的根本利益，根据宪法制定的法律。《反分裂国家法》由第十届全国人民代表大会第三次会议于 2005 年 3 月 14 日通过，同日中华人民共和国主席令第三十四号公布施行。

我国政府在 1993 年发表《台湾问题与中国统一》的白皮书，

在2000年发表《一个中国的原则与台湾问题》的白皮书，两份白皮书拨开了国内外在台湾问题上的种种迷雾，清楚表明了我国坚持“一国两制”的基本方针和解决台湾问题的严正立场，有力回应了当时“台独”势力分裂祖国的言行。

“台独”势力频繁而猖狂地进行分裂国家、分裂中华民族的罪恶活动，是不断造成台湾海峡紧张局势的根源，所以，我国为了反对分裂国家，扼制、制裁“台独”，团结包括台湾同胞在内的所有爱国力量，维护国家领土主权完整，由国家最高权力机关制定了《反分裂国家法》，是完全必要的，也是非常及时的。

反对分裂、维护国家统一与领土完整，是每个主权国家的神圣权利，更是当代国际法普遍认可的基本原则。联合国宪章明确宣示：联合国与它的成员国不得侵害任何会员国或国家的领土完整或政治独立，不能干涉在本质上属于任何国家内部管辖的事件。联合国《关于各国依联合国宪章建立友好关系及合作之国际法原则之宣言》表明：凡是利用局部或全部破坏国家统一及领土完整或政治独立为目的之企图，都是不符合联合国宪章精神的。我国《宪法》第五十二条也明确指出：中华人民共和国公民有维护国家统一与全国各民族团结的义务。所以反对分裂、维护国家统一，不管是国际法还是国内法，都有着其深厚的法理基础。

《反分裂国家法》的制定，把实现两岸统一的大政方针，转化为国家立法，集中表现了全国各族人民不可动摇的反对分裂国家的坚强意志，具有最高的权威性。《反分裂国家法》既以“和平统一，一国两制”“寄希望于台湾人民”作为中心，也清楚地确定分裂国家的犯罪表现及惩治办法。这使建立海峡两岸及世界范围内的爱祖国、反分裂、反“台独”、促统一的最广泛的大联盟，具有了法律依据，是对海外华侨、华人爱国爱乡的建议的尊重和采纳。《反分裂国家法》在台湾岛内引起强烈反响，使各种政治势力更加认真地审视两岸关系正常发展的道路，封堵了一切妄图通向“台独”之路。

005

《中华人民共和国保守国家秘密法》

《中华人民共和国保守国家秘密法》（以下简称《保守国家秘密法》）对保守国家秘密的义务主体做出规定，凡是国家机关、政党、武装力量、社会团体、企业事业单位和公民都有保守国家秘密的义务。《保守国家秘密法》通过列举方式，对涉密信息系统管理、国家秘密载体管理等做出了具体规定。

依据《保守国家秘密法》，机关、单位应当加强对涉密信息系统的管理，任何组织与个人不得有下列行为：把涉密计算机、涉密存储设备接入互联网或其他公共信息网络；在没有采取防护措施的情况下，在涉密信息系统和互联网及其他公共信息网络之间进行信息交换；用非涉密计算机、非涉密存储设备处理国家秘密信息；随意卸载、修改涉密信息系统的安全技术程序、管理程序，并且把没有经过安全技术处理的退出使用的保密计算机、保密存储设备赠送、出售、丢弃或改作其他用途。

在国家秘密载体管理方面，《保守国家秘密法》规定，机关、单位应当加强对国家秘密载体的管理，任何组织与个人不得有下列行为：非法获取、持有国家秘密载体；买卖、转送或私自销毁国家秘密载体；利用普通邮政、快递等无保密措施的渠道传递国家秘密载体；邮寄、托运国家秘密载体出境；未经有关主管部门批准，携带、传递国家秘密载体出境。

《保守国家秘密法》规定，严禁非法复制、记录、存储国家秘密；严禁在互联网及其他公共信息网络或者未采取保密措施的有线和无线通信中传递国家秘密；禁止在私人交往和通信中涉及国家秘密。

军事秘密是国家秘密的重要内容。军事秘密涉及国家安全与利益，泄密后有可能损害国家在政治、经济、国防、外交等领域的安全和利益，把军事秘密作为国家秘密的重要内容，是世界各国立法的通例。美国规定，国家军事秘密主要包括军事计划、武器系统及军事行动、大规模杀伤性武器等。《保守国家秘密法》第九条第一款第二项规定，国防建设和武装力量活动中的秘密事项，都应该确定为国家秘密。

军事秘密是保密工作方针明确保护的重点对象。《保守国家秘密法》第四条明确规定了保密工作实行积极防范、突出重点、依法管理的方针，就是要确保核心秘密的绝对安全。由于国家秘密信息涉及领域广、数量大，应该依据保密管理对象涉密程度不同，采取相应的保护措施，合理分配保密资源，把核心秘密作为重点加以保护。军事秘密是保密工作的重中之重，无意泄漏就可能使国家安全和利益受到损害，可能会危害国家防御能力，威胁国家政权巩固，对国家统一、民族团结与社会安定造成严重的影响，妨碍国家重要保卫目标安全等。

军事领域是窃密、反窃密斗争的重点领域。近些年来，隐蔽战线斗争达到了空前激烈的程度，军事领域成为窃密和反窃密斗争最活跃的领域。境内外敌对势力一方面利用现代信息技术，大量窃取我军事秘密；另一方面，又利用传统方式，大规模拉拢、收买我军人员，手段无所不用其极，稍有疏忽就可能造成巨大危害。

保密工作没有小事，贯彻《保守国家秘密法》，保守军事秘密的弦应时刻紧绷！

第七章

国际战略格局，影响国家安全的外部因素

国际战略格局与一个国家的政治、经济、军事有着十分密切的关系。当前国际战略环境呈现出多元化，这使得我国的周边安全局势非常严峻。

001

了解国际战略格局

国际战略格局是指一定历史时期内，由国际社会中不同国家战略力量之间相互联系、相互作用所形成的具有全球性、相对稳定的力量对比结构和基本态势。具体表现为在一定时期内各国之间综合实力的分布、组合和对比，利益矛盾的倾向，以及基本战略关系。其类型可分为单极格局、两极格局和多极格局、多元交叉格局等。

当前国际战略格局基本态势

1. 大国占据主导地位

当今世界格局中，美国、中国、俄罗斯等大国发挥了重要的作用和影响，主导着整个国际战略格局的基本态势，构成了当前国际战略格局的基本框架。

冷战之后，国际战略格局呈现出单极格局，美国在政治、经济、军事上都遥遥领先。随着欧盟和俄罗斯、中国等力量的不断崛起，国际战略格局由单极向多极转变，逐渐呈现出“一超多极”的国际战略格局。美国的政治、经济、军事实力在国际上依然处于领先地位。

随着国际形势由战争与和平转变为和平与发展之后，大国之间从以往的军事对抗关系转变为以军事力量为支撑的对话与合作关系。

2. 总体和平、局部动荡

新时期国际关系由之前的战争与和平转变为和平与发展后，国际社会中支持和平的力量和因素不断增加，有效预防和制止了大规模的战争，国际格局整体趋于稳定。但是世界依然存在霸权主义和种族、宗教矛盾等，导致局部地区还存在动荡。因此，在和平与发展的时代背景下，国际战略格局呈现总体和平、局部动荡的基本态势。

自第二次世界大战结束之后，全球处在和平与稳定的发展中，很多国家顺应时代潮流，主动选择对话与合作方式解决彼此间的争端、矛盾及危机。各国之间就和平与发展问题逐步达成共识，自觉参与维护世界和地区之间的和平与安定。美国、欧盟、俄罗斯、中国之间陆续建立起战略合作伙伴关系，使得全球范围内热爱和支持和平的力量不断增强，和平因素不断增多，有效制止和防范了世界范围内的大规模战争。

霸权主义、强权政治对和平与发展的阻挠是导致国际形势局部动荡的原因之一，如海湾战争、伊拉克战争、阿富汗战争等。局部战争不断爆发的原因有：边界和领土的争端、种族和宗教之间的冲突、各地区之间的冲突、国家之间的矛盾等。恐怖主义也是导致世界局部动荡的原因之一。在美国“9·11”恐怖袭击事件之后，全球多了一项严重威胁世界和平与发展的重要因素——恐怖主义。恐怖主义的活动范围很广，对任何一个国家和地区都存在威胁，成为各国推动世界和平与发展必须要正视和解决的问题。

这些局部动荡不能在短期内得到有效解决，甚至还有可能会进一步升级，但并不能改变和平与发展的时代潮流，更不能扭转总体

上稳定的国际战略格局。

3. 国际军控与裁军陷于停滞状态

新时代军事变革后，现代战争进入了高科技时代，每个国家都从不同的方面来追求一定的军事优势，有的国家在不断地扩大自身常规军事力量，有的极力谋求大规模杀伤性武器。像美国为了研制国家导弹防御系统和战区导弹防御系统，不惜退出《中导条约》。俄罗斯对此提出联合欧洲国家共同研制欧洲导弹防御系统。各国之间的军备竞赛使得国际军控与裁军进程陷于停滞状态。

当前国际战略格局基本特征

1. 和平与发展面临挑战

当前，和平与发展是世界人民共同追求的目标和不可逆转的世界潮流。广大发展中国家坚决反对霸权主义和强权政治，希望在一个相对和平稳定的环境中尽快发展本国的经济，主张对话，避免对抗。因此，国际形势继续趋向缓和，维护和平与稳定的力量继续增长，和平与发展已成为世界人民的共同要求。但是，和平与发展两大主题却仍面临重大挑战。霸权主义和强权政治依然存在，一些地区固有的民族矛盾、宗教对立、领土争端、资源纠纷等依然存在，有些矛盾甚至更加复杂化。另外，因南北贫富差距拉大引发的恐怖活动、社会动乱、难民危机、毒品泛滥等日趋严重，也成为当今世界不稳定的重要因素。

2. 国际战略关系随着经济全球化发生深刻变化

经济全球化使各国在经济领域相互联系、相互渗透、相互影响、相互制约，既促进了共同发展，同时也带来了极大的不稳定因素。经济全球化要求在全球范围内实现产品、资源、资金、科学技术等生产要素的流动和优化配置，国与国之间不同程度地形成“一荣俱荣，一损俱损”的利益格局。但各国在经济全球化中的相互依存关系又是不均衡、不对称和不平等的，由此导致全球范围内的各种矛盾凸显，如霸权与反霸权之间的矛盾、南北矛盾、民族矛盾、全球性问题等。

3. 世界力量分化、组合加剧，使单极与多极之争更趋激烈

单极与多极矛盾的实质，是美国霸权主义同世界各国人民反对霸权主义的斗争。美国凭借其政治、经济、军事上的强大优势，利用反恐这个前所未有的机遇，抓紧打造美国主导的世界新秩序。世界主要国家尽管原则上认同并支持美国反恐，但对美国诉诸武力、“先发制人”等单边主义行径和谋霸企图也不无戒备和抵制。制衡美国“一超”的力量将越来越强大，并且趋于自发联合，欧盟和其他大国将不可避免地成为其主要竞争对手。“一超”与“多极化”的斗争日趋激烈，多极化的发展进程不可避免。

002 中国周边安全局势分析

当前，中国周边的安全局势总体处于和平与发展的基本态势，但也产生了一系列新问题、新压力、新挑战，需要新方法、新思路来维持中国周边的安全与稳定。随着我国影响力的不断扩大，我国周边的安全局势不再只是关系到本国经济、政治、文化等自身实力，还关系到周边其他国家对我国的认可度。维护国家周边环境安全，是中国外交的基本前提，是捍卫和巩固国家安全的战略要求。

近些年，我国面临的海洋问题逐渐增多，比如南海、钓鱼岛和东海的争端，这些争端主要来自海岛归属和管辖权的问题，这些问

题都具有长期性，并伴随着潜在的战争危险。除了海洋问题之外，在中亚活动的恐怖分子、中美关系、南南关系、半岛问题等都是影响中国周边安全的因素。

1. 南海问题

在中国近代史上，法国、英国、日本多次侵占我国南沙群岛。1951年中国政府在《关于美、英对日和约草案及旧金山会议的声明》中指出："西沙群岛和南沙群岛的主权和整个东沙群岛、中沙群岛一样，自古以来，为中国领土。"得到了越南等不少国家和国际会议决议的公开承认。此后很长时间内，并不存在南海问题，也没有任何国家提出主权异议。随着亚太地区在国际战略格局中的分量不断增加，南海诸岛变得越发重要，引发了周边国家对南海主权的要求。1956年后，越南多次入侵我国南海。1956年南越西贡政权派海军占领南沙群岛，入侵西沙，在1974年西沙海战中被中国赶出西沙。1975年，越南又非法侵略南沙群岛一些岛屿，提出对西沙、南沙的领土要求；菲律宾因毗邻中国南海，对南沙海域丰富的油气资源眼红，便推行了"保护南沙海域油气资源"的海洋新战略，强行侵占南海的部分岛屿，多次在中国南海举行两栖军事演习。1979年，马来西亚将中国司令礁、簸箕礁、南海礁、安波沙洲、南乐暗沙、校尉暗沙一线以南的海域划为马来西亚领土。美国改变了以往对他国领土争议一贯"不持立场"的政策，插手南海争端，导致南海被越南、菲律宾、马来西亚等国采用军事手段占领，并进行大规模的资源开发活动。

南海争端涉及多个国家，牵扯到多方利益，是一个很复杂、很敏感的问题。中国一方面不断加强与东盟国家的友好合作关系，另一方面坚决捍卫祖国领土完整，在领土问题上不让步。中国综合国力增强，国际影响力不断提高，对南海局势有越来越大的把控力。但是，美国为了维持全球霸权，在南海争端上长期与中国进行博弈，使得南海问题长期得不到妥善解决。中国多次与东盟国家启动"南海行为准则”磋商，但由于有关国家从中搅局，导致南海问题不能彻底解决。因此，南海问题始终是困扰中国周边环境安全的一大因素。

2. 朝核问题的突发性

中国与朝鲜是近邻，一旦朝鲜开发核武器，对中国的威胁是不可估量的。针对朝鲜核问题，中国坚持推进半岛无核化的目标。中国政府一再表示，无论是出于各方利益考虑，还是着眼于维护东亚地区和平稳定，以及中国周边环境安全，朝鲜半岛都应实施无核化。

3. 中美关系中的竞争因素不断突出

中国、美国作为当前国际上的两个大国，双方关系对当前国际形势有很大的影响，受到世界各国的密切关注。中美关系复杂多变，不确定因素多，易受到美国战略利益和中国发展水平的影响，更多受美国对华战略影响。中国的现代化建设和改革开放是一个长期的过程，因此，在相当长的一段时间内，中国需要与美国维持良好的关系；而美国政府在不同时期的全球战略不同，不同时期美国对中国的定位不同，这直接导致美国对华政策的波动性很大。美国对中国的政策，是我国周边安全最大的影响因素。

4. 恐怖活动

恐怖活动在东南亚、南亚和中亚地区明显加剧，对中国周边安全形势构成威胁。曼谷商业中心爆炸案恐怖袭击事件表明，东南亚、南亚、中亚等各地区已经受到恐怖组织威胁。“伊斯兰国”恐怖组织破坏力大，而且他们会利用宗教活动对南亚、中亚、东南亚国家实施渗透，不断招募新成员，打造新据点。这些国家和地区反恐力度有限，部分恐怖势力可能会与中国国内分裂分子勾结，严重威胁中国周边的安全和稳定。

003 了解非传统安全问题

安全与每一个人息息相关，它包含了国内安全和国际安全，涉及军事安全、政治安全、经济安全、文化安全，是国家稳定和发展的前提。就目前的国际形势来看，我国国家安全总体趋于稳定，但一些非传统安全问题时有发生，不容忽视。

2019年3月21日，江苏盐城市响水县陈家港镇天嘉宜化工有限公司化学储罐发生爆炸事故，波及周边16家企业，事故造成78人死亡、566人受伤。

化工厂爆炸属于非传统安全问题，给人民生命财产安全带来威胁，造成国家经济损失，影响国家社会安全和稳定。除此之外，还有计算机信息安全、农地数量和质量的下降、西方文化的渗透等，都是影响国家稳定和发展的非传统安全问题。

三大非传统安全

1. 信息安全威胁

近年来，我国云计算、大数据、人工智能、区块链等都在不断发展，给网络安全带来新的挑战。计算机病毒、信息战、信息网络恐怖、计算机诈骗、网络攻击、数据库及通信协议漏洞等各种违法犯罪现象乘机而生，给国家信息安全、国民隐私带来严重的威胁。存在这些潜在安全隐患的主要原因有以下三点：

(1) 基础信息网络和重要信息系统的安全防护能力不强。我国的基础网络包括互联网、电信网、广播电视网，重要信息系统有铁路、政府、证券、电力、民航、石油等关系国计民生的关键基础设施信息系统。在这些基础设施领域，我国缺乏自主产品，高端产品严重依赖国外，直接埋下了安全隐患。

(2) 存在人为恶意攻击。我国当下有关信息系统安全的法律法规还不完善，而且存在很大的漏洞，加之网民整体素质参差不齐，法律意识缺失，导致信息系统被攻击，信息被篡改，容易发生严重的信息安全事故。

(3) 信息安全管理有待进一步完善。我国的信息安全管理研究起步较晚，相关的信息管理实施细则前瞻性、实用性不强。

2. 文化安全威胁

国家文化安全是指国家在发展过程中，能够有效地消除和化解潜在的文化风险，抗击外来文化冲击，以确保国家文化主权不被威胁的一种文化状态。新时代的文化越开放，我们越要提高文化安全意识，筑牢文化安全的屏障。在西方国家的主导下，西方资本主义文化在全球广泛传播，这种强势文化不断侵蚀其他文化。基督教节日在世界流行，以纽约为代表的西方城市文化景观在全球盛行，好莱坞为代表的西方电影文化在全球流行，我们许多地方性文化逐渐被弱化。这些现象不仅仅是现实中物化的东西，它们会在人们头脑中输入西方的价值体系，进而影响到国家文化和意识形态领域的安全。因此，我们必须警惕和防范西方的文化殖民。我们要在推动文化发展中不断壮大民族文化，继承中华优秀传统文化，继承革命文化，发展社会主义先进文化。

3. 金融安全问题

习近平主席强调，金融是国家重要的核心竞争力，金融安全是国家安全的重要组成部分，金融制度是经济社会发展中重要的基础性制度。必须加强党对金融工作的领导，坚持稳中求进工作总基调，遵循金融发展规律，紧紧围绕服务实体经济、防控金融风险、深化金融改革三项任务，创新和完善金融调控，健全现代金融企业制度，完善金融市场体系，推进构建现代金融监管框架，加快转变金融发展方式，健全金融法治，保障国家金融安全，促进经济和金融良性

循环、健康发展。

改革开放以来，我国金融行业发展迅猛，金融机构实力大大增强，但是面对国际国内形势的变化，我国金融发展仍面临不少风险。从外部金融风险看，美元加息、美元保持升值预期，引发国际资本流向美国，我国面临资本流出和人民币贬值压力，加剧国内流动性紧张，给正常的贸易和对外投资造成不利影响。从国内金融风险来看，银行过多信贷投向房地产，导致中小企业融资难；影子银行的加杠杆和市场套利行为，使得实体经济得不到应有的支持，金融功能没有得到很好发挥。不良资产、债券违约和互联网金融的不规范，导致金融领域还存在一定的风险隐患。不当的金融创新，货币市场、资本市场、外汇市场、互联网金融的相互关联，使得金融风险的相互感染危险加大。

004 当前国际战略环境

国际战略环境就是各个国家在不同的战略格局中，所采取的有关政治、经济、军事、科技等政策，相互联系、相互作用、相互斗争所形成的世界全局性环境，受到世界格局、时代特征、主要国家战略倾向、国家周边安全形势的影响。

当前，美国、俄罗斯、日本、印度等主要大国，不断推进军队转型，加强军事力量，以此来维护和扩展自身利益，争夺多极化格局中重要地位的战略筹码。

美　国

近年来，美国调整全球军事部署的一个重点，是将反恐和遏制本地区出现“拥有丰富资源的军事竞争对手”作为其亚太战略的主要目标，将防范的重点放在从东北亚到中东的所谓“不稳定弧形地带”。为此，美国将关岛作为西太平洋战略基地，强化其对东亚地区的快速反应和打击能力；将位于本土的陆军第一军司令部迁至日本，强化驻日美军指挥与控制能力，增强朝鲜半岛、日本等前沿地区的自主防卫能力，加强美军在东南亚的军事存在。

美国提出了美军新的四项战略任务：一是保卫美国；二是在关键地区前沿慑止侵略和胁迫行为；三是在发生的大规模冲突中迅速取胜；四是实施数量有限的小规模应急作战。在美军新的战略任务中，已经重新把保卫美国作为美国武装力量的首要任务，其重点是保卫陆地、空中和太空通道，并提出美军要提高保卫基础设施的能力。例如：石油和天然气的运输与储藏，信息和通信，银行和金融，以及电力、运输、供水、应急部门及政府服务等方面的设施。同时，美军还可以随时对发生在美国领土或盟国领土的国际恐怖主义行动做出果断反应。

俄罗斯

俄罗斯拥有强大的战略核威慑力量，将主要兵力部署在欧洲地区，其战略意图是以强大的战略核力量和保持较高戒备程度的常规力量作为威慑手段，遏止北约继续压缩其战略空间，同时随时准备应付国内和独联体各国出现的突发事件或武装冲突。俄罗斯在亚洲地区也部署了较多兵力，目的是对付美、日的扩张性军事力量和应付东北亚可能发生的武装冲突。

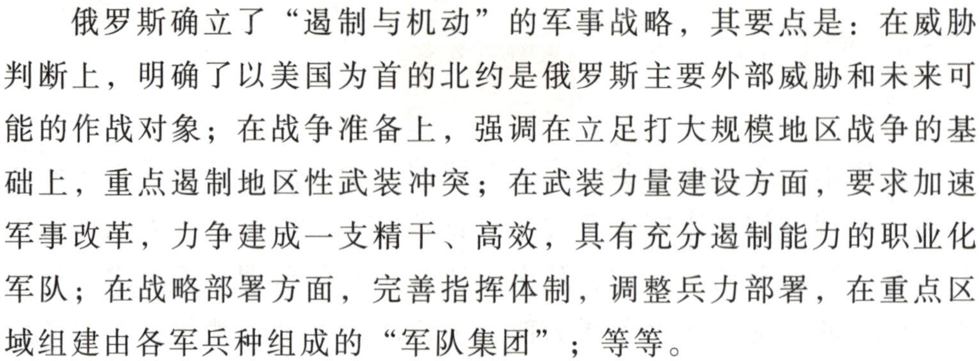

俄罗斯确立了“遏制与机动”的军事战略，其要点是：在威胁判断上，明确了以美国为首的北约是俄罗斯主要外部威胁和未来可能的作战对象；在战争准备上，强调在立足打大规模地区战争的基础上，重点遏制地区性武装冲突；在武装力量建设方面，要求加速军事改革，力争建成一支精干、高效，具有充分遏制能力的职业化军队；在战略部署方面，完善指挥体制，调整兵力部署，在重点区域组建由各军兵种组成的“军队集团”；等等。

日本

近年来，日本开始全面调整军事战略，虽然在名称上仍保留“专守防卫”的提法，但其内容却有了实质性的大变化，强调了军事战略的“主动性”“先发制人”等原则，并将军队建设目标定位为建立一支“合理、精干、高效”的防卫力量，即建立规模小、装备精、高速机动、整体作战能力强的军队。为了实现这一建设目标，日本采取了一系列措施：一是彻底摆脱旧的编制体制，建立一个符合日本实际的新结构；二是发展和装备高技术武器，加快武器装备更新换代的速度；三是大力加强针对各种威胁的军事训练，提高部队的快速反应能力和与美军联合作战的能力。

经过调整，日本的军事战略已从“行使武力于遭敌入侵之后”，转变为强调“遏制敌人入侵企图”；从“不对对方实施先发制人的攻击，只在受到武力攻击时才进行有限的武装自卫”，转变为日军能够在未来作战时采取“洋上防空”“海上歼敌”“前方处置”等将敌拦截在领土以外；从防止侵略，转变到预防发生周边事态；从保卫日本的“内向型”，转变为干预别国内政的“外向型”；从对美国的依赖转变为同美国的联合。日本的所谓“专守防卫”军事战略，实际上已经演变为“主动先制”的进攻战略。

2011 年，日本政府通过了新的《防卫计划大纲》，明确将日军兵力部署重心由北向西、向南调整，其战略意图主要是应付朝鲜半岛及其他方向上可能发生的“周边事态”，并将中国视为现实中的主要威胁和战略对手。2018 年，日本政府再次修改《防卫计划大纲》，将太空和网络等新领域划为“极其重要”领域。

印　度

近年来，印度将过去重在防御的“反制威慑”战略或称“拒止威慑”战略，调整为重在进攻的“惩戒威慑”战略。其主要内容是，以积极进攻、主动出击为作战指导思想，以打有限战争为主要作战样式，以主要邻国为作战对象，全面加强军事力量建设，获取强大的军事优势地位，做好现代高技术战争准备，对敌产生威慑作用。一旦需要，即对敌实施先发制人的有限战争，给敌以必要的教训和惩罚。

印度认为“对威胁唯一有效的反击就是实力和警惕”，强调“军备必须威慑侵略”“必须足以打败侵略者”，以战略威慑力量遏阻域外大国。他们还认为，21 世纪的印度洋将是众多新崛起的地区强国角逐之地，印度必须及早做好准备。对域外大国的威慑仅靠常规力量是远远不够的，必须使用战略威慑力量，拥有与进入印度洋地区的核国家相匹敌的能力。为此，印度加紧研制、购买航空母舰和核潜艇、潜射弹道导弹等，提高海上机动作战能力，尤其是远洋作战能力，借助核威慑手段维持与域外大国的力量平衡。印度把强大的军事力量和战略威慑能力对周边邻国（包括印度洋沿岸地区各国）和域外国家所产生的威慑效应，作为谋求地区性大国地位，进而成为世界性大国的现实基础。同时，印度认为仅靠威慑是不够的，还必须对周边各国进行实际的武力“干预”，解决与印度利益攸关地区的政治动荡，实现特定的国家目标。

005

维护世界和平大趋势

在当前和平与发展的时代下，中国人民安居乐业，生活富足，幸福指数不断提高，国家科技不断创新，经济社会不断发展，综合国力不断增强。中国维护世界和平的力量也不断增强，促进了世界的和平与发展。

2018 年，中国派出了第 6 批赴马里维和部队，包括工兵、警卫、医疗三个分队，共 395 人。在马里维和战场上，官兵们直面严峻安全形势，直面生与死的考验，接受血与火的洗礼，克服恶劣环境，严格遵守联合国相关法规，依法履行维和使命，高标准完成了维和期间的各项任务，395 名官兵全部获得“联合国和平荣誉勋章”，在国际舞台上展示了我军风采和担当，打造出了一张亮丽的“中国名片”。

2019 年 1 月 2 日至 14 日，中国军队首次与泰国国际反恐行动中心在泰国农业大学展开“联合·突袭——2019”反恐联合实兵演习，中方南部战区陆军精锐士兵 60 人，泰方多军种反恐精英 100 人参加联训。联训以“城市反恐”为课题，分为混编专业训练和实兵综合演练两个阶段，重点进行参谋人员指挥决策流程推演，以及特战小队反恐专业训练和营救行动综合演练，包含防区搜索、房间突入、侦察警戒、近距格斗、狙击行动、快速索降等多个课目。

中国遵守联合国宪章，积极参加维和行动；积极与他国开展反恐演习，提高自身反恐作战能力；积极进行反恐斗争，为促进世界和平做出了贡献。与我国一样，还有不少国家在积极开展联演、维和、反恐、护航、救援活动，全力维护世界和平安定。

反对霸权主义及强权政治

霸权主义是指大国、强国、富国欺侮、压迫、支配、干涉和颠覆小国、弱国，不尊重他国的独立和主权，强行进行控制和统治。强权政治是指一种以“强权即公理”为原则，用强权维持国际秩序的资产阶级国际政治。这两种方式都是恃强凌弱、弱肉强食的行为，严重影响国际秩序和国家安全。因此，反对霸权主义及强权政治是维护世界和平的根本途径。

1. 尊重国家主权，不干涉他国内政

每个国家都有权受到尊重，有权选择自己的发展道路，有权制定自己的法律法规，有权建立自身国际政治形象，有权拒绝他国的干涉。同样，任何一个国家都无权去强迫别国按自己的意愿行事，无权对别国进行支配，更无权干涉别国内政。

2. 武力干涉不能实现和平

霸权主义和强权政治常常会采取强制的政治、经济、军事等手段，干涉别国政事和外交，企图灌输本国的国家意志、社会政治制度和宗教信仰。新时期各国都在加强武器装备建设，武器装备越来越现代化，杀伤力也越来越强。如果国家之间发生冲突和矛盾时，都选择用战争的方式来解决问题，那么便会出现霸权主义大国严重危害他国人民生命财产安全、危害周边国家稳定和发展的情况。

防范和打击恐怖组织

随着时代的进步，恐怖组织的武器装备越来越先进，破坏力、杀伤力也越来越大。恐怖组织给各国人民造成了一定恐慌，已成为一个巨大的安全隐患。

1. 恐怖主义活动呈现新的特点

近几年恐怖活动时有发生，虽然活动范围有所缩小，但组织活

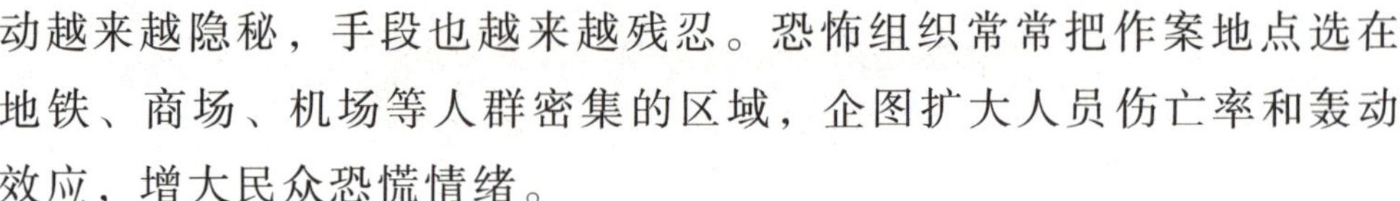

动越来越隐秘，手段也越来越残忍。恐怖组织常常把作案地点选在地铁、商场、机场等人群密集的区域，企图扩大人员伤亡率和轰动效应，增大民众恐慌情绪。

2. 消除恐怖主义产生的根源

由于恐怖活动具有全球性，各个国家都可能受到恐怖袭击，因此，防范和打击恐怖组织是所有国家的共同任务，与每一个国家的安全息息相关。世界各国应加强国际合作，采取正确和有效的方式，共同开展防范和打击恐怖主义斗争，努力解决地区冲突等问题，尽最大努力去消除恐怖主义产生的根源。

谋求新的国际政治经济新秩序

在政治上，每个国家的主权都神圣不可侵犯，内政不应受别国干涉，享有平等参与国际事务、平等发展的权利。在经济上，贫富差距难以避免，各国之间应该相互促进，寻找共同发展的道路。在文化上，各国都有自己的文化体系，都应该得到尊重，不能向别的国家强行渗透本国文化，企图推翻他国政权。在安全上，各国要遵守联合国宪章，积极参加维和与反恐斗争。总之，各国之间应相互合作、相互信任、相互尊重，共同发展，共同维护世界和平。

树立新的安全观念，营造国际和平环境

在新的国际战略格局下，新问题、新挑战应运而生。面对新问题、新挑战，各国要改变旧的、落后于时代的安全观念，树立起新的、跟得上时代的安全观念，倡导互信、互利、平等、协作，努力营造长期稳定安全的国际和平环境。坚持和平共处五项原则和其他公认政治关系准则是维护和平的政治基础；互利合作、共同繁荣，是维护和平的经济保障；平等对话、协商和谈判，是解决争端、维护和平的正确途径。

第八章

现代武器，保家卫国的利器

先进的武器是打赢战争的重要保障。随着科学技术不断进步，计算机技术不断提升，新概念武器、非致命武器、智能武器、精确制导武器应运而生。这些武器的杀伤力越来越大，命中率越来越高，震慑力越来越惊人，它们是一个大国强大国防的重要组成部分。

001 信息化武器装备

信息化武器装备，指信息技术含量高、信息起主导作用的作战武器和保障装备，主要包括军队的综合信息系统、信息化作战平台、智能化弹药、智能机器人、数字化单兵系统等。信息化武器装备是以信息技术为核心的军事高科技技术，是信息化战争的基础。信息化武器装备体系对抗是未来信息化战争的重要特征。

信息化武器装备的分类

第一类是综合电子信息系统（即 C4ISR 系统），其在功能上可分成信息获取、信息处理、信息传输和指挥控制 4 个分系统。

第二类是信息化杀伤武器，包括精确制导武器、信息战武器装备和新概念武器系统。

第三类是信息化作战平台。

信息化武器装备对战争的影响

以信息技术为核心的军事高新技术的迅猛发展和广泛应用，推动军事领域发生巨大、深刻的变革，特别是近些年来几场高技术局部战争向世人证明，工业时代的机械化战争即将被信息化战争所取代。为此，世界各国都把目光聚焦在军队的现代化转型上，利用强大的军事技术优势，着力发展信息化武器装备，建设信息化军队。随着军事高科技的发展和应用，电子战武器、精确制导武器、隐身武器、太空武器、动能武器、次声武器，以及 C4ISR 系统等信息化武器装备都将运用到未来战场。这必将对未来战争产生深远的影响。

1. 信息化武器拓展了新的作战领域

信息化武器装备的广泛运用，使作战空间更加广阔，为电磁域、网络域、太空域的激烈争夺开辟了新的战场，出现了信息战、网络战和太空战等新的作战样式。

2. 信息化武器催生了新的作战观念

信息化武器装备的广泛运用，使远程精确打击成为现实。战争领域出现了许多新的作战形式，突出地表现为精确作战、非接触作战和非对称作战。

3. 信息化武器产生了新的作战理论

信息化武器装备的广泛运用，使军事体系的对抗成为主要的作战形式。各军种的武器系统在网络化的基础上逐步走向融合，出现了一体化作战、联合作战和网络中心战等新的作战样式。

信息化武器装备的发展

未来的战争是在大规模毁伤性武器和强大核武器威慑下的信息化战争，信息化、智能化、一体化将是未来武器装备发展的大趋势。

1. 信息化武器装备将成为武器装备建设的重点

信息化武器装备是夺取战场信息优势的关键，也是提高武器装备整体作战效能的“倍增器”。信息化武器装备已由各军兵种分散、独立发展走向互通、兼容，进入一体化发展阶段，更加重视体系配套和与武器系统的结合。集战场态势感知、有效运用力量和可靠服务网络三种主要功能于一体的综合电子信息系统，将成为武器装备建设的重点。

2. 信息化作战武器将趋于隐身化、多功能化

未来战争中，陆、海、空战武器将面临各种探测手段、制导武器和电子干扰的严重威胁。为有效保存自己和打击敌人，发展隐身武器是必然趋势。隐身技术在作战飞机和战术导弹上的应用已初见成效，隐身舰艇、隐身战斗车辆和其他隐身武器将有大的发展。战场情况复

杂多变，为适应不同的战场环境，机动灵活地打击随时出现的不同目标，作战武器多功能化将是大势所趋。

3. 精确制导武器向高精度、抗干扰和智能化、远程化方向发展

新一代精确制导武器将广泛采用毫米波、红外成像、卫星导航定位等单一或复合制导技术，提高武器在复杂战场环境下准确识别、跟踪和命中目标的能力。智能化是精确制导武器的发展方向。随着对抗越来越激烈，敌方防御火力也会越来越强，为了避免己方人员伤亡和武器装备损失，发展射程更远、精度更高、毁伤力更强、能从敌防区外发射的精确制导武器将是一个重要的趋势。

4. 无人武器装备进一步得到发展

使用无人武器装备，可以避免人员伤亡。特别是在有核生化武器威胁和其他对人员有特别危险的环境中，无人武器装备更是大有作为。无人侦察机已多次在局部战争中使用，证明是一种有效的战场侦察装备。更先进的高空无人侦察机会部分取代有人侦察机和侦察卫星用于战略或战术侦察。正在发展的各种微型无人侦察机可由单兵随身携带，便于战场灵活使用。发展中的无人作战飞机将会部分取代有人攻击机和轰炸机。小型无人侦察车能全天候、全地形使用，自主完成侦察任务。无人潜航器可用于水下探雷、扫雷，支援潜艇和水面舰艇作战。军用机器人是指具有一定人工智能的无人装备，将来有可能投入战场。

5. 新概念武器将用于未来战场

新概念武器在工作原理、结构、功能和杀伤破坏机理等方面有别于传统武器，具有传统武器所没有的或不完全有的作战能力，因而备受军事大国的重视。新概念武器种类繁多，其中动能武器、高能激光武器和高功率微波武器可望在近年形成战斗力，成为防空、反导和反卫星的有效武器。有些非致命武器也有望取得突破性进展，将进入高技术战场，为未来的军事行动提供新的选择。

002 智能武器

随着高新技术的普及，国家越来越重视信息技术在各个领域的应用，军事领域也不例外。任何一个国家的政治、经济、社会的和平与发展，都是建立在强大的军事力量基础上的。新时代强大的军事力量，不再只是军队人数的多少，而是有多少军事人才，有哪些先进武器装备，智能武器就是其中一项。先进的武器装备在现代战争中起到不可或缺的作用，是打赢现代战争、保卫国家领土安全的重要工具。

1966 年 1 月 15 日，在地中海附近，一架装有氢弹的美军 B-52 战略轰炸机失事。正在美军服役的机器人“科沃”临危受命，潜入水下 750 米，成功将氢弹打捞上岸。自此，美军发现了机器人的军用价值，相继推出了“军用航天机器人”“危险环境工作机器人”“侦察机器人”“警戒机器人”“布雷与扫雷机器人”等。在越南战争期间，美军首次使用机器人驾驶列车为运输纵队排险除障，还使用了夜视机器人站岗。此后，各国都在纷纷加大智能武器的研发。

通过实际应用，美国开始重视机器人的潜在军事价值，并致力于用机器人装备军队。这很快引起了世界各军事大国的关注，纷纷加大人工智能武器的研发，无人驾驶飞机、无人水下潜艇、无人驾驶车辆等陆续问世。那么，智能武器究竟有何功能，可以让各大军事强国投入大量的资本进行研发呢？让我们一起来认识一下智能武器吧。

定义

智能武器是指一种具有人工智能，可以自动搜索、分析、跟踪、识别目标，并根据目标物相关特征，自动选择最佳攻击方式的现代化高科技武装设备。它主要由信息采集与处理分系统、知识库分系统、

辅助决策分系统和任务执行分系统等组成。智能武器包括精确制导武器、无人驾驶飞机、无人驾驶坦克、无人操纵火炮、智能鱼雷和自主多用途智能作战机器人等，它们是未来战场上的主要武器装备。

主要特点

1. 会“思考”

智能武器比常规制导武器更先进，原因之一就是智能武器能像人一样“思考”。智能武器可以主动地、有意识地去寻找、发现敌方目标；能自动搜索、识别、跟踪目标，可以对目标进行优化处理，根据相应目标特征选择合适的攻击方式，而且消灭一个目标之后自动向下一个目标转移。

2. 熟知作战环境，命中精确度高

人工智能武器具有智能化的辅助系统，熟知敌我双方的相关情况，可以在不同的战场上帮助指挥官判断战机、下达命令等。同时，与未装智能系统的制导武器相比，在相同的战场条件下，装有智能系统的弹药的命中率要提高 3 倍。

3. 节省人力，优化军队机构

随着智能化武器在军事中应用越来越广泛，对军队的整个编制、作战样式和方法都产生了重大的影响。智能机器可以代替部分人员的工作，因此，军队不得不重新进行编制；参加战争的智能装备越来越多，可直接减少参战人员；智能装备是一种高新技术装备，对军队人员的整体素质和科学文化水平要求都很高，更加突出了信息作战的地位。

主要代表

1. 智能军用机器人

反导弹机器人、防化机器人、烟雾机器人等都属于智能军用机器人，这类机器人具有很多模仿人的功能，可以代替人去从事比较复杂的工作，执行多种军事任务，可在不同的战场中应用。除了上述提到的几种之外，还有欺骗系统机器人、排雷机器人、侦查机器人、反装甲机器人、水下机器人、航天机器人等数十种机器人，被列入各国研制和发展计划中。

2. 智能无人机

智能无人机是一种无人驾驶的飞机。在军事活动中，智能无人机主要是指无人驾驶便能自动完成侦察、干扰、电子对抗、反雷达等军事任务的飞机，这种机体内常常载有炸药、信号发射机、应答器等先进设备，可以诱敌发射导弹，执行电子侦察等任务。美国曾在海湾战争中使用智能无人机执行侦察任务。

3. 智能坦克

智能坦克由计算机控制系统、信息接收和处理系统、指令执行系统及各种功能组件构成。按执行任务的不同，可分为智能主战坦克、智能侦察坦克和智能扫雷坦克三种。智能主战坦克能够识别障碍物的威胁程度，根据障碍物的不同特征，实施相对火力攻击，具有很强的火力和突击力。智能侦察坦克配置了核生化探测器，红外、音响传感器，激光测距机等侦察器材，可在 64 千米 / 时的高速下完成鉴别道路，区分人员与自然物，绕过障碍物，探测地雷，绘制地

形图等任务。智能扫雷坦克可排除一次性触发地雷，也可远距离引爆感应地雷，一次作业能开辟 8 米宽、100 米长的通路。

4. 智能导弹

智能导弹是一种能自动搜索、识别、锁定和攻击目标的新型智能导弹，如美国研制的“黄蜂”反坦克导弹、“海尔法”第三代反坦克导弹等。

5. 智能地雷

智能地雷是一种被称作“长眼睛”“有耳朵”“会判断”，能够识别和控制目标爆炸，主动对目标进行击毁的地雷，典型的有自动机动地雷、遥感电磁地雷、自寻地雷、反直升机地雷、光电地雷等。

未来前景

在新的国际战略环境下，国家间的军事较量不再仅限于军事领域，而是涉及经济、政治、意识形态等多个领域。因而，在现代化战争中，对目标方经济、社会、政治、军事活动的全面掌控，已经成为一种更隐蔽、更复杂的战争，而这种战争是离不开智能武器装备的。智能化武器装备可以全方位地掌握目标方各种活动，实时分析和采取相应的应对战略，使目标方的经济、社会、军事活动更加透明化。

003 新概念武器

新概念武器是一种新型特种武器，它在工作原理、杀伤破坏机制、作战效能等方面都与传统武器有明显的不同。其中，定向能武器、动能武器、基因武器、次声武器等都是正在研发中的新概念武器，将来有希望成为武器装备。因为新概念武器具有射程远、精度高、威力大等特点，一旦投入使用，便会极大地影响未来的战争局面。

新概念武器的特征

新概念武器的主要特点体现在“新”字上，这个“新”指的是创新、高效，且对未来战场有很大的影响。

1. 创新性

新概念武器是创新性设计和高新技术相结合的产物。不同于传统武器的是，新概念武器在整个的设计思想、工作原理以及杀伤机制等方面，都取得了显著的突破和创新。

2. 高效性

新概念武器是要顺应未来战场的。随着各国军事科技领域的发展，未来战争会逐渐向信息化战争转变。新概念武器要想在未来战争中取得突破，就必须满足作战要求，提高作战效能。

3. 时代性

新概念武器是运用最新技术研发出来的武器。随着时代的变化，科技会不断进步，曾经的新概念武器也会转变成传统武器。

4. 探索性

新概念武器需要应用高科技技术，难度大，风险高，对相关技术人才、经费投入、研制时间等都有一定的要求，具有很强的探索性。

新概念武器的分类

1. 定向能武器

“定向”就是沿着一定方向，定向能武器就是指激光束、粒子束、声波束武器的能量沿着一定方向传播，在一定距离内，对该方向的目标物具有杀伤破坏作用，但不会对其他方向的目标物造成杀伤破坏。激光武器、微波武器、粒子束武器等都属于定向能武器。

2. 动能武器

动能武器是利用发射高速度的弹头产生的动能直接撞毁目标的武器，发射弹头的速度相当于5倍的音速，动能拦截弹、电磁炮、群射火箭等都属于动能武器。

3. 军用机器人

军用机器人是仿照人的功能设计的自动机器人，可以代替人去执行某些工作，比如执行战斗任务、侦察情况、实施工程保障等，包括无人驾驶飞行器、微型机器人等。

4. 气象武器

气象武器是正在研发的一种新概念武器，包括人工降雨及洪水武器和人工引导飓风武器。

新概念武器的投入将改变未来战争

1. 作战空间和领域会更加广阔

大部分新概念武器具有能量集中、能量传播速度快、作用距离远的特点，因此，投入使用以后，会扩大未来战场的空间和领域。比如，激光具有能量高度集中、方向性强的特点，利用这种特点制造出来的激光武器，会以光速把强大的光能按直线形式射向几十千米、几百千米甚至上千千米以外的目标，并在瞬间击毁目标。次声和微波等武器会在对电子元件、人员造成硬杀伤的同时，产生软破坏。因此，经过防护、伪装的目标一旦遇到它们很可能变得毫无用处。在未来的战争中，随着新概念武器的不断投入使用，多维交互的空间和地理概念的战场会不断延伸和扩大。

2. 对抗行动会更加惨烈

新概念武器的工作原理和杀伤原理都与传统武器装备有很大不同，其杀伤破坏力更大，这使得战场上的对抗行动变得更加惨烈。不仅如此，交战双方有没有新概念武器、用不用新概念武器，会成为彼此断代性的、质的差距。因为如果交战双方在传统武器上存在差距，其实仍然可以计量彼此的实力差距，而且可以利用军事谋略等方式弥补自身的缺陷，但如果一方没有新概念武器，彼此的差距是无法弥补的，胜负在战争开始时就已经完全确定。除此以外，因为新概念武器的基础是雄厚的经济实力和先进的科学技术，所以在运用上会受到一定的限制，很可能会成为强国大国的“专利武器”，其结果必然会进一步拉大强国与弱国之间的军事实力差距。

3. 将会改变传统攻防作战理论

新概念武器的工作原理与传统武器装备有很大不同，因此，在未来的战争中，拥有新概念武器的一方能够在毫无征兆的情况下攻击另一方，而受到攻击的一方却很难采取措施进行有效的自我防护。换句话说，在大量使用新概念武器的战争中，传统战争中的防御模式将可能不再有效，反而变成了失败的象征。这将会极大地冲击传统攻防作战理论，从而迫使我们大幅度修改现有的攻防理论和攻防作战原则。

004 非致命武器

非致命武器，正如字面意思一样，不像核武器、手榴弹、导弹等具有杀伤致命性的武器，它是为了使人员或装备失去功能而专门设计的武器。超级润滑剂、材料脆化剂、超级腐蚀剂、超级粘胶以及动力系统熄火弹等，都是国外研发的用于反装备的非致命性武器。

1992 年，美军在索马里行动中，面对使用致命武器进行抗议、抢劫、骚乱的人群，感到很沮丧，因为他们直接使用武器可能造成误伤。此次行动的主管安东尼·辛尼向美军中央司令部提出配备非致命性武器装备的请求，但当时领到的全是辣椒粉。一年后，辛尼搜罗了一批非致命性执法武器，包括黏性泡沫、带刺手榴弹以及一种被称为蒺藜的小刺。很快，非致命武器就受到美军高层的重视，并投入一定的财政预算进行研究。不久之后，非致命武器诞生，慢慢地投入到战争中。

在战争中，会有一些无辜的、对军队没有伤害力的人群，如果对其使用致命武器，会增加战场的血腥和战争的残酷面，会伤害无辜的人群，对战争双方都会造成直接或间接的影响。非致命性武器产生的初衷便是减少死亡人数，改变战争的性质。

按作用对象的不同，非致命性武器可以分为反人员和反装备两大类。

反人员非致命性武器

反人员非致命性武器能够减少敌方战斗人员，增加伤员负担，使我方处于战争优势地位。目前，国外正在研究的反人员非致命性武器主要有刺激剂、化学失能剂、黏性泡沫等。

(1) 刺激剂是一类非致命性的暂时失能性药剂，主要是对人的眼、鼻、喉和皮肤等产生刺激，导致人出现短时间的中毒现状，短期内失去战斗力。一般情况下，人只要短时间接触一定浓度的刺激剂，就会出现一系列的中毒症状，脱离接触以后几分钟或者几小时症状就会自动消失，不需要特殊治疗，不会留下后遗症。但如果长时间吸入大量刺激剂，会对肺部造成一定程度的损伤，甚至导致死亡。

(2) 化学失能剂是指通过化学失能剂驱赶目标或使目标失能的非致命性武器，包括化学催泪剂、躯体失能剂和精神失能剂。它可以使敌方人员在短时间内失去战斗能力，出现躯体功能失调、精神障碍等症状。最近，国外又在研究皮肤助渗剂与强效镇痛剂合用，它可以迅速地渗透皮肤，导致对方人员中毒，从而丧失作战能力。严格说来，化学失能剂属于化学毒气的一种，只是不会直接造成死亡而已。

(3) 黏性泡沫是一种化学试剂，喷射在人身上的时候会马上凝固，从而束缚人的行动。美国军队在索马里行动中使用的一种叫作“太妃糖枪”的黏性泡沫，能够包裹住人的身体，并使人丧失抵抗能力。黏性泡沫能够作为军警双用途武器使用，现在美国已经研制出第二代肩挂式黏性泡沫发射器。

反装备非致命性武器

目前，国外的反装备非致命武器主要包括材料脆化剂、超级粘胶、超级润滑剂、超级腐蚀剂以及动力系统熄火弹等。

(1) 材料脆化剂是一些能够使高分子材料、金属结构材料、光学材料等发生迅速解体的特殊化学物质。这类物质能够严重损伤敌方装备的结构，并使其瘫痪，可用来破坏敌方的坦克、车辆、飞机、舰艇、桥梁及铁轨等基础设施。

(2) 超级粘胶是一种具有超级强粘结性能的化学物质。目前，国外正在进一步研究开发超级粘胶的功能和用途，希望将其用作使发动机熄火和破坏装备传感装置的武器，并试图将其与材料脆化剂、超级腐蚀剂等配合使用，以提高这些化学武器的作战效能。

(3) 超级润滑剂是利用无机润滑剂、聚合物微球、含油聚合物微球、表面改性技术等为原料复配而成的一种化学物质，其摩擦系数非常小。超级润滑剂能够有效地阻止军车、列车前进和飞机起降，因此，多用于攻击航母甲板、机场跑道、桥梁、高速公路、铁轨等目标。

(4) 超级腐蚀剂是一些对特定材料具有超强腐蚀作用的化学物质。比如，可以用这种化学物质将敌方坦克的复合装甲变软。

005

精确制导武器

精确制导武器是指利用精确制导技术研制的武器，其直接命中率超过 50%，主要有制导炮弹、精确制导导弹、制导地雷等。其中，直接命中是指制导武器的圆概率误差（也叫圆公算偏差）不超过该武器弹头的杀伤半径。

精确制导武器最初出现在 20 世纪 70 年代中期，美国曾在越南战争中使用了大量的精确制导炸弹。精确制导武器具有精确的制导装置，作战效果相当惊人，因而一经投入使用，马上引起了人们的注意。

1972 年，美国在越南战争中使用了大量激光和电子制导炸弹，作战效能高出无制导武器百倍，西方将这种炸弹称为“灵巧炸弹”。1973 年，在第四次中东战争中，埃及使用了有线制导 AT-3 反坦克导弹和苏制雷达制导 SA-6 地空导弹，以色列则使用了美制电视制导的“小牛”空地导弹和有线制导“陶”式反坦克导弹，这四种导弹的作战效果曾一度让人惊叹。从 1974 年开始，西方军事界将这些制导炸弹和导弹统称为 “精确制导弹药”或“精确制导武器”。与此同时，西方国家纷纷开始发展精确制导武器，以此来抵消苏联在装甲车、坦克、飞机等武器装备上的数量优势。1981 年美国装备的“铜斑蛇”激光制导反坦克炮弹，由 155 毫米口径榴弹炮发射，最大射程为 17 千米，直接命中率超过了 80%。

从美国、埃及、以色列等国家使用精确制导武器的情况来看，精确制导武器在战场上常被用来打击敌方坦克、装甲车、飞机等目标装备，具有很强的作战效果，命中率很高，是战争中的得力武器，深受各国重视。

精确制导武器的特点

1. 命中精度高

精确制导武器因其命中率高而得名，很多具有代表性的精确制导武器的命中率可达80%以上，像激光制导炸弹、电视制导炸弹等，精确制导武器的圆概率误差仅在2米以内。

2. 自主自导能力

高性能的精确制导武器采用毫米波制导系统、红外探测器以及人工智能计算机之后，不仅具有很高的命中率，还有自主制导能力，即发射后不用管，精确制导武器就能够依据配置的制导系统独立自主地捕捉、跟踪和击中目标，不再需要人工或其他辅助设备的协助。

3. 作战效能高

精确制导武器发射后速度很快，飞向目标物的同时，伴随着强大的动能，可以用少量的弹药击毁目标物。另外，随着电子技术的不断发展，精确制导武器慢慢地具有了智能化特征，如可以自主制导，就能够准确击毁和跟踪目标，大大地提高了战场作战效能。

4. 射程远

精确制导武器按射程从近到远可以分为近程导弹、中程导弹、远程导弹、洲际导弹。海湾战争中，美国空军向100千米外的伊拉克水电站发射了两枚“斯拉姆”空对地导弹，两枚导弹先后从同一个地方穿入发电厂，彻底击毁发电厂。由此可见精确制导武器的射程远并不影响其精确的命中率和杀伤破坏力。

5. 作战效费比高

精确制导武器虽然具有精确的命中率、弹药消耗量少、高效的作战效能以及经济效益高等优点，但是其构造复杂，成本高，技术要求高，投入大，导致其作战效费比高。

精确制导武器的分类

精确制导武器从总体上可以分为两大类，一是导弹，二是精确制导弹药。每一类又可根据不同的特点细分。

1. 导弹

(1) 按作战任务分，导弹可分为战略导弹、战术导弹。战略导弹是战略武器的组成部分，射程在1 000千米以上，主要是用来打击战略目标，如敌方政治和经济中心、军事和工业基地、交通枢纽等。战术导弹射程在1 000千米以内，主要用于击毁敌方战役战术目标，如敌方坦克、飞机、指挥所、机场、港口、桥梁等。

(2) 按射程分，导弹可以分为近程导弹、中程导弹、远程导弹、洲际导弹。射程小于1 000千米的属于近程导弹，射程在1 000 ~ 3 000千米之间的属于中程导弹，射程在3 000 ~ 8 000千米之间的属于远程导弹，射程大于8 000千米的属于洲际导弹。

(3) 按弹道特性分，导弹可以分为弹道导弹、飞航式导弹。弹道导弹是指没有翼，只能在预定航向发射的导弹，常发射至高空或太空中，进行亚轨道宇宙飞行。飞航式导弹是指依靠空气喷气发动机的推力和弹翼的气动升力，在大气层中巡航的导弹，发射地点不固定，在攻击固定或活动目标时，可以从地面、空中、水面或水下进行发射。

(4) 按发射点和目标位置分，导弹可以分为地对地、地对空、岸对舰、空对地、空对空、空对舰导弹等。所谓地对地，就是从陆地上发射，攻击陆地目标的导弹。地对空、空对地、空对空分别为陆地向空中、空中向陆地、空中向空中发射的导弹。

2. 精确制导弹药

精确制导弹药，分为末制导弹药和末敏弹药两类。

(1) 末制导弹药可以分为制导炸弹、制导炮弹和制导鱼雷。制导炸弹是在普通炸弹的基础上配置了制导装置，发射后可控制炸弹的弹道并对准目标的航空炸弹，具有射程较近、机动能力有限、结构简单、造价成本低等特点。制导炮弹配置有制导装置，可以自主寻找目标，命中率高达90%，误差小，主要有激光制导炮弹、毫米波制导炮弹和红外制导炮弹三种类型，常用来对付敌方的坦克、装甲车辆、舰艇等。制导鱼雷是一种重要的水中兵器，常常通过潜艇、水面舰艇发射，执行反潜和反舰任务。

(2) 末敏弹药主要指制导地雷。制导地雷是一种新型地雷，使用了自锻破片技术、遥感技术和微处理技术等高技术武器，能够自动辨认识别目标，在一定范围内主动攻击目标，包括反坦克制导地雷和反直升机制导地雷。

精确制导武器未来的发展趋势

随着微波半导体器件、集成电路、光电器件和信息处理等技术的迅猛发展，给精确制导武器提供了更高的技术和基础支持，各国已经相继制成了各种高精度、小型化、低成本的制导系统。这些制导系统能够装在弹体非常小的炮弹、导弹和炸弹上，从而使弹药的攻击目标从“面”转变成了“点”。而在制导方式上，也出现电视制导、有线指令制导、激光制导、红外制导和微波雷达制导等高度精确的制导方式。如果目标较远，往往会采用复合制导技术，就是先用精确度比较低的制导系统把武器引导到目标的附近，再用精确度较高的末制导系统将武器引向目标。20世纪80年代初，精确制导系统还存在一些缺陷，如今，其性能和功效都得到了极大的提高。相信在以后的发展中，科学家在改进现有制导系统的同时，仍会不断发展精确制导系统的综合性能，使其更加完善。精确制导武器的发展，会极大地影响未来战争的战略、战术运用，以及装备体制和武器系统的发展。

第九章

科技制胜，高技术、信息化与国防

当下的战争形态已从之前的大规模机械化战争转变为局部信息化战争，作战领域不再仅限于军事领域，涉及国家之间的科技、经济、能源、金融等多方面。在信息化战争中，多军种参与作战，各种先进技术粉墨登场，最常见的有军用航天技术、定位导航技术、电子对抗技术、指挥自动化技术、信息化战争等。

001 军用航天技术的应用

航天技术是指人类探索、开发以及利用宇宙空间的技术。它包括各类航天飞行器的设计、制造、发射和应用等各个方面，是一门高度综合性的科学技术。其中，载人航天是航天技术的最前沿。

以前人们所说的航天是指航天器在太阳系内的航行活动，而航天器在太阳系外的航行活动则被叫作航宇。现在，我们把航天器在太阳系内外的所有航行活动都叫作航天。我们之所以开展航天活动，就是为了探索、开发和利用太空与天体。航天器想要在太空航行，必须达到一定的速度，才能摆脱地球或者太阳的引力。第一、第二、第三宇宙速度就是航天所需要的特征速度。

根据航天器探索、开发和利用对象的不同，可以将航天分为四大类，即环绕地球的运行、飞往月球的航行、飞往行星及其卫星的航行、星际航行（行星际航行、恒星际航行）。根据航天器与探索、开发和利用对象的关系或位置的不同，同样可以将航天飞行的方式分为四大类，即飞越（从天体近旁飞过）、绕飞（环绕天体飞行）、着陆（降落在天体上面）、返回（脱离天体、重返地球）。

根据航天的目的不同，航天活动可以分为三类：一是军用航天，以执行军事任务为主，具有一定的军事目的；二是民用航天，以执行经济开发、科学研究、工业生产等民用任务为主，不具有军事目的；三是商业航天，以执行商业合同任务为主，这类航天活动多以营利为目的。此外，根据有无人员驾驶航天器，航天又分为载人航天和不载人航天。

1957 年，苏联发射了第一颗人造地球卫星。此后，航天技术获得了突飞猛进的发展。到 2017 年，世界各国共发射了大约 8 500

多颗航天器。目前，侦察卫星既是大规模侦察的重要手段，又能够为我们提供战役战术范围内的侦察服务；军事通信卫星是陆海空三军部队极其可靠的通信手段；导航卫星能够为舰艇、飞机、导弹等各种攻击平台（攻击的载体）和打击手段提供精确的导航；测地卫星可以对各种军事目标的地理位置做出精确的测算，从而使武器的命中精度得到了极大的提高；气象卫星能够提供全球或局部地区的比较准确的气象情报，使在此基础上制定出的作战计划更加完美。这些军用卫星的发展，又导致了反卫星武器（亦称拦截卫星）的出现。因此，未来的战场已不再是传统的海陆空三维战场。

随着航天技术进一步发展，世界多国开始积极探索天基武器，并组建太空部队。天基武器是由在轨（地球轨道或其他星体轨道）武器搭载平台（卫星、空间站等）发射的，用于打击敌方地面、地下、海面、轨道目标及天外有害目标的一种新概念武器系统。它主要被用来打击敌国纵深目标和打击其他国家的卫星。

由于卫星信息侦察、跟踪监察、制导导航及航天兵器的广泛应用和天基武器的研制，太空军应运而生。太空军的作战平台主要有载人航天飞机和空间平台。航天飞机可部署、维修、回收各种军用卫星，对太空武器如高能激光、粒子束等武器进行太空校试，操纵各种设备进行太空侦察，或直接进行太空战，或攻击空中、地面、海上目标。空间平台可作为太空军的作战指挥部和武器平台，也可以作为他们的空间基地、空间作战指挥中心。

002 定位导航技术

全球定位系统，是一种利用卫星在全球范围内进行实时定位、导航的系统。全球定位系统功能必须具备监控平台、全球定位系统终端、传输网络这三个要素，缺一不可。通过这三个要素，全球定位系统能够提供车辆反劫、防盗、呼叫指挥、行驶路线监控等功能。

全球定位系统的前身

全球定位系统的前身是1958年美国军队所研制的一种子午仪卫星定位系统（Transit），这个系统在1964年正式投入使用。该系统利用五到六颗卫星组成的星网进行工作，每天最多绕过地球13次，而且给出的信息非常不精确。然而，子午仪系统给美国的研发部门提供了关于卫星定位的初步经验，并让他们相信卫星系统定位的可行性，为日后研制全球定位系统做好了铺垫。

卫星定位在导航方面显示出的巨大优越性，让美国的研发部门

看到了希望，而子午仪系统对舰船和潜艇导航方面的缺陷，更加剧了美国海陆空三军和民用部门对新卫星定位系统的迫切需求。为此，美国海军研究实验室提出了一个名为Tinmation的全球定位网计划，这个计划利用12到18颗卫星在10 000千米高空进行工作。很快，美国便在1967年、1969年和1974年各发射了一颗试验卫星，并在这些卫星上初步试验了原子钟计时系统，这就是GPS系统精确定位的基础。而美国空军则提出了621-B计划，这个计划由三至四个星群组成，每个星群由四到五颗卫星组成，这些卫星中只有一颗采用同步轨道，其余的全部采用周期为24小时的倾斜轨道。这个计划在伪随机码（PRN）的基础上传播卫星测距信号，其功能非常强大，就算信号的密度比环境噪声密度低1%也能够检测出来。伪随机码的成功运用是全球定位系统得以成功的一个重要基础。海军的计划主要是为舰船提供低动态的二维定位；空军的计划则可以提供高动态的服务，但是这两个计划太过复杂。由于美国国防部考虑到同时研制两个系统需要非常高昂的费用，而这两个计划都是关于全球定位系统的计划，于是便将它们合二为一了。

全球定位系统的定位方式

根据定位方式的不同，全球定位系统定位可以分为相对定位（差分定位）和单点定位两种。相对定位（差分定位）是通过分析两台或两台以上接收机的观测数据来确定观测点之间的相对位置，这种方法不仅可以采用伪距观测量，也可以采用相位观测量。在进行工程测量或者大地测量的时候，都必须采用相位观测量进行相对定位。单点定位，顾名思义，就是通过分析一台接收机的观测数据来确定接收机的位置，它只能采用伪距观测量，可以应用在车船等的概略导航定位中。

在全球定位系统观测量中，往往含有卫星、大气传播延迟、接收机的钟差、多路径效应等误差，在定位计算的时候还会受到卫星

广播星历误差的影响。不过，在进行相对定位的时候，大部分的公共误差都被削弱或抵消了，因此定位精度得到了大大的提高。而且，双频接收机能够通过分析两个频率的观测量，抵消掉大气中电离层误差的主要部分，所以，在精确度要求比较高、接收机之间的距离比较远的时候（大气有明显差别），最好选用双频接收机。

北斗卫星导航系统

北斗卫星导航系统是我国自主建设、独立运行的卫星导航系统，它已经被广泛应用于交通运输、海洋渔业、水文监测、气象预报、测绘地理信息、森林防火、通信服务、电力调度、救灾减灾、应急搜救等领域。

我国高度重视全球定位导航系统，从 20 世纪 80 年代就开始探索适合国情的导航系统。1994 年，我国启动了北斗一号系统工程建设。2000 年，我国发射了两颗地球静止轨道卫星，建成系统并投入使用，开始为用户提供一些通信服务。2003 年，我国发射了第三颗地球静止轨道卫星，进一步增强系统性能。2004 年，启动北斗二号系统工程建设；2009 年，启动北斗三号系统建设。到 2012 年年底，我国完成了 5 颗地球静止轨道卫星、5 颗倾斜地球同步轨道卫星和 4 颗地球轨道卫星发射组网。到 2018 年年底，完成 19 颗卫星发射组网，完成基本系统建设，并已经提供全球服务，包括“一带一路”国家和地区在内的世界各地均可享受到北斗系统服务。2019 年，发射了 10 颗卫星组网。2020 年，北斗卫星全球定位导航系统建设已全面完成。

我国的北斗卫星导航系统采用三种轨道卫星组成的混合星座，与其他卫星导航系统相比高轨卫星更多，抗遮挡能力更强，尤其在低纬度地区，性能特点更为明显，并且可以提供多个频点的导航信号，服务精度显著提高。北斗导航系统具有实时导航、快速定位、精确授时、位置报告和短报文通信服务五大功能，可广泛应用于气象、交通、农业、林业、渔业、公安、电力、金融、救援、军事及大众生活等众多领域。

003 电子对抗技术

简单来说，电子对抗技术就是直接应用于信息对抗的各种技术的总称，是军用信息技术的一种。军队中使用了很多先进的电子技术和装备，进行目标监视、战场侦察、通信联络、作战指挥、武器控制与制导，以此来提高己方的快速反应能力和作战能力。而电子对抗就是为了破坏或者削弱敌方电子技术和装备而同时又保护己方不受干扰，从而使己方掌握战场的主动权，更加顺利地夺取战役、战斗的胜利。随着电子技术在军事上的广泛应用，电子对抗技术必将成为对抗敌方武器控制系统和自动化指挥系统的一种重要手段。

电子对抗技术主要有电子干扰技术、电子对抗侦察技术、反辐射摧毁技术和电子防御技术等。根据其运用领域的不同，也可以分为通信对抗技术、雷达对抗技术和光电对抗技术等。其中，电子干扰技术又包括无源干扰技术和有源干扰技术；电子对抗侦察技术包括对敌方电磁辐射信号的截获、信号处理、测量、识别、威胁判断，以及对辐射源测向、定位等技术，这种技术可对密集复杂、多参数变化、超宽频率范围和全空域的环境信号进行搜索、截获、测量、分析和识别；反辐射摧毁技术包括对辐射源精确定位技术和导引技术等；电子防御技术包括各种反电子干扰、反电子侦察和抗反辐射摧毁等技术。

电子干扰技术

随着科技的发展和各种高新武器的投入使用，战场上的威胁辐射源越来越多，这就促成了电子干扰技术的诞生和发展，其中有源电子干扰技术仍是目前的主要研究方向，主要用于干扰多个目标。为了使有限的电子干扰资源得到最佳的运用，军事科学家们研发出了功率管理技术。功率管理技术主要是利用计算机对信号环境的信号进行分选识别、威胁运算和逻辑判断，并确定辐射源威胁等级，根据各种威胁的态势和本设备的干扰能力，比如干扰目标的数量、频率范围、干扰功率等，进行对策运筹，继而在频域、时域和空域上控制天线波束和干扰发射机，在需要的时间窗瞬间向所需的目标方向发射所需的干扰频率信号（含最佳干扰样式）。

随着新材料、新技术、新器件的出现，无源干扰技术也已经有了很大的发展。目前已经研制出的由计算机控制、与电子对抗侦察告警设备相连的无源干扰投放装置系统，可以对载体航行数据、威胁数据、气象数据等进行运算，从而确定干扰对象、干扰器材的数量和种类、投放方向、投放方式和投放时机等，使干扰取得最佳效果。此外，投放装置还具有红外诱饵弹、可投放箔条弹和投掷式干扰机等功能。

电子对抗侦察技术

电子对抗侦察就是通过搜集和分析敌方电子设备的电磁辐射信号，来获取敌方的技术参数，如无线电通信设备的调制方式、工作频率、信号特征，雷达的脉冲宽度、频率、脉冲重复频率、波束形状、天线扫描方式，电子设备的类型、位置、用途等，还可以获得敌方军队的部署、编成和武器系统的配备及行动企图等军事情报。这种技术是组织并实施电子对抗的前提。

电子对抗侦察具有侦察范围广，获取信息多，情报准确、及时，组织实施隐蔽、保密，无论平时还是战时都可不间断地进行等特点。但是，如果敌方的电子设备实施静默或者不工作，电子对抗侦察设备就无法获取情报。如今，随着电子防御措施的不断发展和电磁信号环境的日益复杂，对信号的识别、分选也越来越困难。

将来，电子对抗侦察会朝着研制高灵敏度、高截获概率、宽频带、能适应复杂信号环境的侦察设备的方向发展，同时会不断提高对辐射源定位的精确度，从而满足火力摧毁的要求。

电子防御技术

近年来，各种抗干扰能力强的电子设备已经被装备到部队并得到广泛使用，比如战术相控阵雷达、频率捷变雷达、跳频通信电台、脉冲多普勒雷达等，在一定程度上解决了动目标显示与捷变频的兼容问题。此外，超低副瓣天线和副瓣对消技术、多参数捷变技术、自适应跳频技术、反辐射导弹诱饵技术等也得到了很好的发展。

采用超低副瓣天线技术，可以使地面雷达天线的副瓣电平降低到 –35 分贝以下，目前机载雷达已经可以达到 –50 分贝以下，再加上副瓣对消技术，可以极大地提高反干扰、反侦察能力。

多参数捷变技术可以阻碍敌方的信号处理，使其难以获得有用信息。

自适应跳频技术是将跳频通信技术与自动频谱分析处理技术结合在一起，这样不仅能够快速跳频，使敌方难以对我方进行干扰和侦察，还能够根据频谱分析的结果，跳到没有干扰的频率上。

随着反辐射摧毁技术的诞生，发展了对抗反辐射武器的诱饵技术和告警技术，并研制出了有源假目标（诱饵）和有源告警设备。这些专用设备通常配置在大型电子装备的附近，当有反辐射武器来

袭的时候，这些专用设备就会自动关闭被防护的电子装备发射机，并发出警告，告警距离可以达到 40 ~ 50 千米，能够帮助我们迅速及时地采取防护措施或者进行转移。诱饵性的有源假目标则会在发现有反辐射武器来袭的时候，及时开机，发射出与被防护的电子装备一样的信号，从而吸引来袭的导弹，引导其脱靶。

反辐射摧毁技术

20 世纪 80 年代以来，各种反辐射导弹开始大量地装备部队，并广泛应用于局部战争中，与电子干扰配合形成了软硬一体化的作战方式。反辐射摧毁技术包括对辐射源精确定位和导引技术等。在导引头性能上，该技术采用低噪声器件和超宽带器件，使之可在 0.8 ~ 20 吉赫范围内工作，能从天线副瓣进行远距离攻击。在导引头中加装捷联式惯性导航设备或记忆部件，这样就算被攻击的电子设备关机，也能够继续导向目标。

反辐射摧毁技术采用信号处理技术、微波集成技术和可重编程技术，大大提高了导引头的处理、存储、识别和记忆等功能，增强了在复杂电磁环境中攻击目标的能力和通用性。目前已经研制出的巡航式反辐射导弹，可以在敌区上空盘旋，并在截获敌方的威胁信号以后，迅速转入攻击状态。如果敌方关机，还能够利用其记忆功能进行攻击，或者恢复到巡航状态，等待目标再次出现时攻击。

004

指挥自动化技术

根据军种、兵种的不同，指挥自动化技术可以分为陆军指挥自动化系统、海军指挥自动化系统、空军指挥自动化系统和火箭军指挥自动化系统等；根据用途的不同，指挥自动化技术可以分为武器控制指挥自动化系统、防空指挥自动化系统、作战指挥自动化系统和后勤指挥自动化系统等；根据作战任务范围的不同，指挥自动化技术可以分为战略指挥自动化系统、战术指挥自动化系统和战役指挥自动化系统等。各个国家的实际情况不同，指挥自动化系统所涉及的范围和分类方法也各不相同。但是，一个完整的指挥自动化体系始终都是各个军种、兵种密切协同的战略、战术、战役指挥自动化系统集成。

军队指挥自动化系统通常包括信息收集分系统、信息传递分系统、信息处理分系统、信息显示分系统、决策监控分系统和执行分系统六大分系统。这些分系统有机结合，密切协同，共同构成了军队指挥自动化系统这个统一的整体。

信息收集分系统

信息收集分系统由各种配置在地面、海上、空中、外层空间的侦察设备组成，比如遥感器、侦察飞机、侦察卫星、光学摄影机、声呐、雷达等。这个分系统能够及时收集我方和敌方的兵力部署、战场地形、作战行动及气象等情报信息。

信息传递分系统

信息传递分系统主要包括终端、线路、交换和用户设备四部分。信道终端设备主要包括微波接力通信、散射通信、有线电载波通信、光通信及卫星通信设备等；交换设备主要包括电报、电话、数据交换机等。一般来说，这些设备共同组成具有各种各样功能的通信网，并准确、迅速、保密、不间断地传输各种信息。

信息处理分系统

信息处理分系统主要由电子计算机软件和硬件两部分组成。软件系统主要包括应用软件和系统软件，应用软件如数据库管理系统、网络软件、图形处理软件、文字编辑软件等，系统软件如多种高级语言处理程序、计算机操作系统等。硬件系统主要有存储系统、输入输出设备、中央处理器。信息处理是利用按预定目标编制的各类软件，将输入计算机的信息进行分类、综合、存储、检索、计算等，以协助指挥人员拟制作战方案，并对各种方案进行模拟、比较和选优。常用的军事信息处理主要有数据处理、情报检索、文电处理、图像处理、图形处理等。

信息显示分系统

信息显示分系统由多种输出可视信息的设备组成。显示设备一般包括供指挥人员共同使用的大屏幕显示器和供单人使用的管面显示器两种。这个系统主要用于显示信息处理分系统输出的各种信息，包括敌我态势、军事情报、作战方案、命令和命令执行情况等，用符号、表格、文字、图像、图形等多种形式协调地显示在屏幕上。

决策监控分系统

决策监控分系统主要由键盘、打印机、监视器、记录装置、多功能电话机等设备组成。通常将这些设备组装成工作台形式，实现人机交互，从而辅助指挥人员作出决策、下达命令、实施指挥。此外，决策监控分系统还能够用来改变指挥自动化系统的工作状态，并监视自动化系统的运行情况。

执行分系统

执行分系统可以是自动执行指令的装置，如火炮的火控装置、导弹的制导装置等，也可以是执行命令的部队的指挥自动化系统。命令的执行情况和武器的打击效果可以通过信息收集系统反馈到决策监控分系统。

随着新一代计算机、遥感遥测、人工智能、自适应结构的通信网络等新技术的采用，指挥自动化系统正不断朝着智能化和分布式的方向发展，而且其抗毁生存能力、快速反应能力、机动能力和适应能力还将会进一步提高，从而使各类指挥自动化系统形成一个整体的、协调有效的配套体系。将来，指挥自动化系统会更加广泛地被应用到实战中。

005 信息化战争

21 世纪无疑是信息化时代，在军事战争领域也不例外。随着互联网技术的不断发展，高新技术在军事领域的不断普及，以信息化为主导的新型信息化武器相继问世，并不断被运用到现代局部战争中。在海湾战争中，新型武器的使用标志着现代战争已经从机械化逐步转向信息化，之后的科索沃战争、阿富汗战争、伊拉克战争都是信息化战争的反映。

1991 年的海湾战争并不是一场真正意义上的信息化战争，但却是美军首次在战场上投入大量高科技武器的战争，是人类战争史上现代化程度最高、新式武器最多的战争。在此次战争中，美国对伊拉克军队展示了压倒性的制空、制电磁优势，首次展示了现代高新技术条件下，信息化战争的新情况、新特点。

在阿富汗战争中，美军使用了空间、空中和地面信息侦察力量情报系统，牢牢掌握信息权，重点提升了电子战飞机和通信干扰机的性能。利用精确制导武器对阿富汗塔利班武装的导弹设施、雷达、防控体系、指挥中心等重要目标进行摧毁；用通信干扰飞机对敌方空域进行强电磁定向干扰，压制、干扰塔利班武装有限的电磁辐射源；利用电子战飞机掩护攻击编队，最终打赢战争。

从上面两个案例中可以看到，信息化战争使用信息技术为主导的武器装备系统，采用了干扰与反干扰、侦察与反侦察、摧毁与反摧毁的作战方法。各国的信息实力与是否能打赢信息化战争直接关联。信息实力包括了信息高速公路、C4ISR 系统、精确制导弹药、太空兵器、智能部队，以及具有高技术、高知识、高素质的人员等。

信息与信息技术革命

1. 战争中的信息

信息由信源、信宿和信道构成，即信息的来源、信息的接受者和信息的传播途径。信息化战争中的信息通常是指与敌我双方军事有关的一切信息，包括敌我双方的军队实力、武器装备、作战方法、双方状态等。信息化战争信息牵涉领域广，内容多而杂，形式多样，变化多端，真假难辨。而各国在战争中为了更好地保全自己，消灭敌人，不得不对这些复杂多样、难辨真伪的信息进行识别，妥善利用专业的信息技术人才，研发专门的信息处理系统，及时获取有效的信息，保证打赢信息化战争。

2. 信息技术革命

电报、电话的发明是信息技术的第一次革命；第二次是以微电子技术为基础，以计算机技术为核心，发展探测器技术、通信技术及网络技术。两次信息技术的革命对军事领域都带来了一定的影响，相比之下，第二次信息技术带来的影响更大，直接导致战争理念和战争形态的变革，促使人类向信息化战争时代迈进。目前，以云计算、大数据、人工智能为代表的新一代信息技术革命蓬勃兴起，对未来信息化战争必将带来更多的影响。

信息化战争的发展

1. 信息化战争的演变和发展

人类经历了冷兵器战争、热兵器战争、机械化战争、高技术战争和信息化战争几个阶段。远古至18世纪，人类处于冷兵器战争时代，持续了数千年之久，当时的社会主要以农业为主。大约在18世纪至19世纪中叶，火药和蒸汽技术广泛应用，人类战争进入到热兵器战争

时代。19世纪末至20世纪80年代前后，随着电力、内燃机技术的发展，人类战争逐渐从热兵器战争转为机械化战争。20世纪中叶到今天，核技术、核武器，光电器材、集成电路、计算机技术不断发展，人类战争进入高技术和信息化战争形态。21世纪初始，信息控制和反控制、网络技术的不断发展，使人类全面步入信息化战争时代。

2. 信息化战争和信息战

信息化战争是指使用各种信息化、智能化的武器装备，以信息为基础，以获取精确信息优势为先决的多维空间作战体系，具有很强的时代性。信息战是指敌对双方以数字化部队为基本力量，以争夺、控制和使用信息为主要内容，夺取信息优势，掌握信息权。战争中的情报战、信息经济战、计算机空间战等都属于信息战。

信息化战争的特征

1. 战争动因复杂，内涵进一步扩大，呈现“全民化”的特点

以前的战争常常是以谋求他国领土、资源为动机，以占领他国领土或收复领土、获取资源告终。而在信息化战争时代，除了领土、资源外，还有政治、经济、文化、民族、宗教等各种错综复杂的矛盾也会导致战争爆发，从而导致战争的参与者增多，作战样式多样，对打赢战争的要求更高，歼灭有生力量已不再是战争的主要目标。随着网络信息技术的不断发展和普及，信息化开始呈现出“全民化”特征，两个国家的信息化战争不再仅仅限于战场，而是存在于双方的整个国土上，任何掌握计算机通信技术的团体和个人，都可以发动一场特殊战争。

2. 战争目的更加直接有限，进程快速可控，毁伤破坏逐步缩小

占领敌国领土、全歼敌国军队、使对方彻底投降已经不再是战争的终极目标了。信息化战场的瞬息万变，对军队信息获取能力、快速反应能力等要求不断提高，战略决策时间缩短，战争进程快速

可控。信息化战争更多倾向于精确战，直接对目标物进行攻击，对附带物品的毁伤较小，缩小了战争带来的破坏。

3. 战争呈现空天一体化、全纵深同时攻击特征，对作战指挥要求更高

信息化战争集海、陆、空、天战于一体，对各军种之间的相互配合、各作战区相互联动提出了很高的要求，作战指挥的难度相应增大。信息化战争中军种界限模糊，参战兵种多，武装设备种类多，战场瞬息万变，作战节奏快，要求实时指挥作战，以免贻误战机，陷入被动。

第十章

积极参军，公民应尽的义务

每个年满18周岁的男性公民必须依法履行兵役登记，服兵役是每个公民的义务。

001

兵役义务与权利的基本含义

公民的义务和权利都是由《宪法》和法律规定的，两者是相互依存，密不可分的。凡是中国的公民，都应当担负起保家卫国、抵御侵略的义务，依法服兵役或参加民兵组织。《兵役法》规定，除特殊情况外，年满 18 周岁的男性公民，不分民族、种族、职业、社会出身、宗教信仰、教育程度，都有义务依法服兵役。

2017 年，× × 县张某通过了省征兵办公室考核，并签署了《入伍承诺书》，可是刚入伍不久，张某就拒服兵役。张某所在新兵连干部、班长、骨干对其进行思想教育，县征兵办公室负责人三次通过电话方式与张某沟通，向其宣讲兵役政策，并多次安排家属见面商讨，让其家属带去了拒绝服兵役的有关处罚规定，对张某进行思想教育，让他知晓其中的利害关系，但都无济于事。最终，张某还是被部队退回。张某的拒服兵役行为严重地干扰了兵役机关的工作开展，给其所在部队带来了负担，公然触犯法律法规，被经济处罚 5 万元，同时 3 年内不得办理招工、招生、出国出境、工商营业执照、商业贷款，5 年内不得将其录用为公务员。

案例中的张某拒服兵役的行为，显然是不理智的行为，不仅公然触犯了法律法规，还严重地阻碍了兵役机关的征兵工作，理应受到相应的惩罚。即便我国现处于和平时期，也要做好平时兵员征集工作，加强新兵整体素质建设，提高新兵质量，不断向部队输送优秀兵员，加强人民军队建设。依法服兵役，保家卫国是每个公民的光荣义务。

公民兵役义务的基本含义有以下几个方面。

1. 依法服兵役是每个公民应尽的神圣职责

为了加强军队质量建设，进一步巩固国防，维护国家社会安全稳定，国家每年都会征集适龄青年参军入伍。

征集对象：以普通本科、高职、普通高中、职业高中、技工学校等的应届毕业生为主，其他年满 18 周岁的符合法律规定的公民也是征兵对象。

征集办法：每年国家会下发征兵文件，各政府部门组织宣传征兵工作，适龄青年根据文件要求到相关地点进行报名，然后参加体检、政审，只有体检、政审都通过才能被批准入伍。

2. 依法服兵役是每个公民的基本义务之一

我国《兵役法》规定：凡是符合兵役条件的适龄公民，必须承担保卫祖国、保卫人民、抵御侵略、依法服兵役或参加民兵组织的光荣义务。《兵役法》规定：中华人民共和国公民，不分民族、种族、职业、家庭出身、宗教信仰和教育程度，都有义务依照本法的规定服兵役。因此，公民应该自愿参加现役或后备役活动，自觉履行自身义务。

3. 依法服兵役是加强国家军队建设，保障国家军事力量的基础前提

对于我国的兵役制度，国家专门颁布了相关的法律、法规，可见，兵役制度是我国一项很重要的军事制度。公民依法服兵役，不仅保证了现役军人的更替，后备兵员的储备，而且可以不断地向国家输出优秀的服役军人，加强干部队伍建设，保障国家军事力量。

4. 依法服兵役是建立战时兵员动员的基础

和平与发展是当今时代的发展主题，但是并不代表不会发生战争。因此，即便是在和平时期，也应该做好战时准备，做好征兵工作。适龄青年服兵役，掌握军事技能，在战争时期能够及时响应国家动员应征入伍。

5. 依法服兵役是公民的一项政治权利

权利和义务是相伴相生的，公民在义务服兵役的同时，也享有

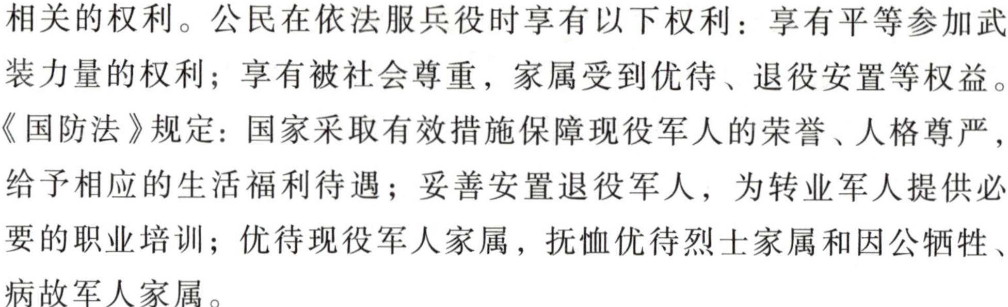

相关的权利。公民在依法服兵役时享有以下权利：享有平等参加武装力量的权利；享有被社会尊重，家属受到优待、退役安置等权益。《国防法》规定：国家采取有效措施保障现役军人的荣誉、人格尊严，给予相应的生活福利待遇；妥善安置退役军人，为转业军人提供必要的职业培训；优待现役军人家属，抚恤优待烈士家属和因公牺牲、病故军人家属。

6. 对于不符合条件的人，免兵役

《兵役法》规定，服兵役是每个公民的基本义务，可是对于存在严重生理缺陷或严重残疾的，不能执行军事活动的公民，可以免服兵役；另外，被剥夺政治权利的人，不得服兵役。

002

成年男性公民应依法进行兵役登记

我国《兵役法》第十三条规定，国家实行兵役登记制度。每年 12 月 31 日以前年满 18 周岁的男性公民，都应当在当年 6 月 30 日以前，按照县、自治县、市、市辖区的兵役机关的安排，进行兵役登记。经兵役登记并初步审查合格的，称应征公民。可是，从近几年的兵役登记工作进展来看，全国普遍存在适龄但是没有进行兵役登记的现象，很多公民还持有“我又不参军，不需要登记”的错误认识。依法履行兵役登记义务的观念还未深入每个公民的内心。

2017 年，重庆市人民政府联合多个部门印发了《重庆市兵役登记实施细则（试行）》，将重庆市兵役登记工作向法制化方向推进。在此之前，四川、辽宁、山西、宁夏等省、自治区已经出台了有关兵役登记的法律法规。登记细则、法律、法规的施行，使兵役登记工作运行更加法制化、规范化，进一步确保兵役登记工作的有效落实，对不进行兵役登记者给予相应处罚。

因此，凡是达到适龄而不按要求参加兵役登记的男性青年，在未来都有可能遇到不能参加公务员、事业单位和国有企业等单位的招聘考试，不能办理出国出境手续，不能取得毕业证，不能办理高校入学、升学手续，不能购买不动产，不能乘坐飞机、高等级列车和席次，不能旅游度假入住星级宾馆，不能办理银行贷款，以及不能享受保荐、承销、保险等社会服务保障等问题。

综上可知，如果一个年满 18 周岁的男性青年没有按时进行兵役登记的话，可能会对其未来生活造成很大的影响。因此，每一个适龄公民都应该遵守国家法律规定，自觉履行兵役登记义务。

兵役登记的定义

依据相关国家政策规定，兵役登记是指年满 18 周岁的男性公民进行登记的一项法律规定，可以很好地掌握适龄公民的数量、质量及分布情况，了解各地适龄公民的政治、身体、文化整体素质，从这些对象中选定预征对象，做好年度征兵准备。

兵役登记的流程

1. 准备照片

在网上登记前，要准备一张本人近期免冠彩色电子照片，颜色背景只要是单色（红色、白色、蓝色）均可，要求：图片像素 358（宽）×441（高），大小 20KB ~ 100KB，格式为 JPG 或 JEPG，注意照片要保持人像清晰，不可有畸形。

2. 注册

第一次参加登记的青年或学生，需要先在全国征兵网（网址：

http://www.gfbzb.gov.cn/）上注册自己的账号。注册时要填写真实姓名和真实身份证，兵役机关会对有效信息进行审核。

3. 填写信息

注册完账号之后，登录本人账号，详细阅读兵役登记须知，按照相关要求填写本人真实、完整的基本信息，点击提交即可完成网上兵役登记。

4. 现场确认

在网上做完兵役登记之后，下载打印《男性公民兵役登记表》，携带本人户口簿、身份证、学历证明等相关材料，前往本人户籍所在地的乡镇（街道）武装部、学校武装部或兵役登记站进行现场确认或核验。

5. 目测初审

乡镇（街道）、学校武装部会对参加兵役登记的适龄男青年进行目测初审，依法确定应服兵役、缓服兵役、免服兵役或不得服兵役，填写《兵役登记证》，报县级兵役机关审核。

6. 领取兵役证

乡镇（街道）、学校武装部将县级兵役机关审核盖章的《兵役登记证》发给登记青年。《兵役登记证》是有关部门查验适龄男性青年履行兵役义务情况的依据。在登记过程中，遇到任何问题，都可以找兵役机关协助解决。

有关兵役登记问题

(1) 我没有当兵的意愿，是否就可以不用进行兵役登记了？

不可以。兵役登记是一项法律强制性的义务，每一个适龄男性公民都必须依法参与。

(2) 哪些人需要进行兵役登记？

根据我国《兵役法》规定，兵役登记对象为当年 12 月 31 日前年满 18 周岁的男性公民，当年年满 17 周岁未满 18 周岁的男性高中（含中专、职高、技校）毕业生，本人自愿应征的也可参加兵役登记；兵役登记时可申请应征报名，也可申请暂缓应征。

(3) 是不是登记完了，就必须要参军服兵役？

不是。兵役登记是国家对当下达到服兵役年龄的男性公民进行的管理统计，可为年度征兵工作做准备。一般男性青年登记完后，有关部门会对登记青年的服役资格进行审核，上报给兵役机关，由兵役机关进行审核，事后还需组织开展体检、政审等一系列工作，确认适龄公民是否有参军资格。

(4) 适龄男青年未进行兵役登记，会有什么影响？

《兵役法》规定，公民有拒绝、逃避兵役登记和征集等行为的，由县级人民政府强制其履行兵役义务，并可依法追究法律责任和处以罚款；机关、团体、企事业单位和其他社会组织，应当依法组织或督促本单位男性适龄公民参加兵役登记。

(5) 女性公民需要进行兵役登记吗？

兵役登记只适用男青年。无论女性青年有没有参兵的意愿，都不需要进行兵役登记。如果女性青年想参军，可以在每年的全国征兵网进行报名，按应征流程办理即可。

003

家庭唯一劳力可以缓征

《兵役法》第十六条规定，应征公民是维持家庭生活唯一劳动力的，可以缓征。缓征的意思是适龄公民可以缓期征集服现役，而维持家庭生活唯一劳动力的公民被纳入缓征对象，主要是考虑到公民家庭的实际困难，以及政府和人民群众在优待军属方面的负担，

其照顾公民家庭的同时，也减轻了政府和人民的负担。

高中生小A今年到了征兵年龄，而且被征兵了。由于小A的姐姐出嫁多年，又嫁得远，父母都年近60了，作为家中唯一的劳动力，小A不想去应征。小A知道《兵役法》有关缓征对象的范围，但是碍于自己不是独生子，不清楚自己是否符合缓征条件，不知道能不能申请缓征，也不知道要怎么申请缓征。小A还担心，如果每年都被通知应征，是否能够年年申请缓征？

小B是家里的独生子，家庭条件富裕，父母都健在。刚刚考入大学的小B依法在网上进行兵役登记，收到了应征通知，小B暂时不想去参军。学长告诉他，《兵役法》规定应征公民若是家里唯一劳动力或全日制在读大学生，是可以申请缓征的，并说他两个条件都满足，申请缓征完全没问题。于是，小B在兵役登记网站上申请了缓征。

关于案例一中小A的问题，其实是对《兵役法》规定的应征公民是“维持家庭生活唯一劳动力的，可以缓征”政策的解读。那么，不是独生子的小A是否可以申请缓征呢？如果可以，小A要怎么申请缓征，是否每年都要申请缓征？案例二中小B的学长对《兵役法》中唯一劳动力的解读是否正确呢？小B究竟满不满足《兵役法》规定的两个可以缓征对象的条件呢？

唯一劳动力的定义标准

唯一劳动力与独生子并不能画等号，也就是说独生子不一定是一个家庭的唯一劳动力，非独生子家庭的公民有可能是一个家庭的唯一劳动力。有的公民确实是独生子，可是其父母或者其他家庭成员还未丧失自主劳动力，这种情况就不能纳入缓征对象；而有的公民虽非独生子，但是姐妹远嫁或者兄弟伤残，父母年迈多病，无独立生活能力，只能靠公民本人扛起全家生活重担，这样的公民就可以申请缓征。

因此，唯一劳动力并不等同于独生子，但凡是在一个家庭中，除了应征者本人是劳动力，可以赚钱之外，再没有其他任何家庭成员是劳动力，父母年迈无生活自理能力或者兄弟姐妹因伤致病致残的，无论公民是否是独生子，公民都可以称为家里唯一的劳动力，都被列为缓征对象。

家庭生活唯一劳动力可以缓征的意义

考虑到公民家庭实际困难，《兵役法》规定应征公民是维持家庭生活唯一劳动力的，可以缓征。这是国家站在人民群众的角度，为人民群众考虑，保障人民群众切身利益的一项军事政策。

我党我军向来具有优良作风，从人民群众中来，到人民群众中去，保护人民切身利益，全心全意为人民服务。因此，将家庭中唯一劳动力纳入缓征对象，也是一项为人民服务的好事，一项可以解决人民群众困难的好事。对于那些因家庭情况而不能应征入伍的公民，他们是家庭的脊梁骨，是家人的希望。他们可以通过自身劳动，照顾好家人，在其他地方为祖国做贡献。

因此，《兵役法》对应征公民是维持家庭生活唯一劳动力的，可以缓征的规定，于国于民都是有利的，不剥夺这些公民参军的权利，不强迫他们参军，不给他们家庭增加困难。

如何申请缓征

列入缓征对象的公民，可以在全国征兵网上直接申请缓征，或者在进行兵役登记时，在最后一栏选择“只进行兵役登记，申请缓征”，完成登记后，下载打印兵役登记表，交到本人所在街道或者高校武装部。在登记过程中，公民务必如实填写本人身份信息。申请缓征的公民，要事先确认自己是否满足缓征条件，自己无法确定

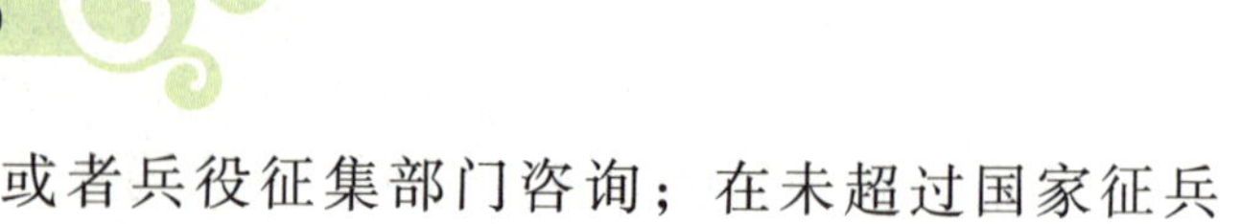

的，可以去当地武装部或者兵役征集部门咨询；在未超过国家征兵年龄时，每一年都需要去全国征兵网上申请缓征。

满足缓征对象，还要进行兵役登记吗

兵役登记是《兵役法》的一项强制规定，所有满 18 周岁的男性公民必须在全国征兵网上进行登记，主要是对适龄公民进行登记注册管理，掌握兵员潜力，应对可能的紧急情况，是一种对情况的调查。进行兵役登记后，并不表示必须参军，如果被有关部门应征入伍，还需要参加体检、政审等，都通过之后才能入伍。

对于满足缓征条件的对象来说，并不代表可以不进行兵役登记。凡是到了入伍年龄的公民，必须在全国征兵网上进行兵役登记，满足缓征条件的公民，可以在全国征兵网上申请缓征。

004

参军要进行体格检查

习近平主席强调，人民军队是要上战场打仗的。因此，拥有良好的身体素质对军人来说是必要条件。只有健康的身体才能撑起部队各种常规的军事训练，才能保家卫国、参加残酷激烈的战争，才能与敌人较量，才能打胜仗。另外，军营是部队集体生活的地方，为了保证部队的集体健康，不允许有任何传染病人参军入伍。因此，当今青年想要参军，必须先通过体格检查。

某应征入伍的高中学生在参加体检时，进行胸透检查被发现右侧有阴影，疑肺结核，建议右上 1/4 拍片检查。后来，父母带其去

结核病防治所进行复检，肺科专家仔细询问了该生近一月的生活情况后，又与几个医生开会讨论鉴定是否患有肺结核的方法，最终决定采用“红血球沉降率”来鉴定。经鉴定后发现原体检结论属于误诊，体检通过，后来该生成了一名军人。

据近年征兵体检工作统计，全国各地参加体检人数逐年增加，体检不合格率也逐年上升。视力不合格、体重不达标、心理测试不过关等都是常见的不合格表现，主要原因有饮食不规律、用眼过度、不常锻炼、心理素质差等。

为什么参军必须体检

当兵入伍是大部分男青年的梦想。近年来，我国越来越多的适龄青年踊跃报名参军，但是令人遗憾的是，很多人体检不合格。因为体检不合格，很多男青年的军旅梦破灭了。那么，既然青年自愿参军，国家又需要大量军人，为什么还要设置体检这个门槛呢？

(1) 只有体魄强健，才能保家卫国。人民军队是要到国家和人民最需要的地方去的，要保卫祖国领土、领海、领空，要保卫人民安居乐业，而强健的身体是以上这些任务开展的基本条件。任何时代的军人，都需要强健的体魄。

(2) 只有强健的身体，才能做好体能训练。对于军人来说，体能训练是必不可少的。体能训练可以使军人保持强健的身体素质，增强军人的意志力，提高军人的作战能力。战场是残酷的，弹尽粮绝、孤立无援、环境复杂等状况常常发生，加之现代化战争的突发性、快速性、剧烈性，对军人身体素质、耐力、速度、抗压、抗晕、抗疲劳能力等都有了更高的要求。军人能否在战场上存活，很大一部分取决于军人体能水平。

(3) 只有强健的身体，才能保障我国强大军事力量储备。在征兵入伍的过程中，要秉持“宁可备而无用，不可用而不备”的用人原则。

新时期我国军队在不断改革，不断向纵深方向推进，中央军委主席习近平提出了强军兴军的建设目标。在这样的大环境下，国家对军队的整体素质、专业技能修养要求越来越高，对优秀兵源需求也越来越大。但是，每年的征兵淘汰率却不断上升，一些淘汰者并非因为自身素质和专业技能不过关，而是因为体检不合格，身体素质不过关，令人十分遗憾。人民军队必须身体素质过硬，在关键时刻上得了战场，打得了胜仗，保得了国家，护得了人民。

(4) 只有强健的身体，才能保障军营的健康生活。军营是部队集体生活的地方，每个士兵必须保证自己身体健康，没有传染性疾病，对自己和战友负责，对国家和人民负责。

参军体检检查什么

凡是具有超重、文身、扁平足、双下肢不等长、嗅觉异常、心理障碍等的应征人员，体检都不合格。那么，参军体检会有哪些项目检查呢？

(1) 眼科：一般是对视力、色盲的检测，对于想参军的人来说，必须参加眼科检查，而且对于体检的标准，不同兵种会有不同要求，特殊兵种还对其有更严格的要求。如坦克乘员、潜艇人员、空军专机女乘务员，任何一只裸眼视力不得低于4.8；潜水员、空降兵不得低于5.0。色盲、色弱、眼球突出、眼肌疾病、青光眼等都不合格。

(2) 外科：身高、体重、身体四肢都属于外科，不同兵种对身高、体重要求的标准不一样，男性和女性的身高、体重标准也不一样。另外，身体不能有文身、伤疤、湿疹、皮肤病等，四肢有骨折、关节畸形等都属于不合格。

(3) 内科：血压、心跳、心脏等都属于内科检查，主要是检查应征者是否有遗传性心脏病或影响身体素质的其他内科疾病。

(4) 检验科：主要是进行尿检、血检，包括尿常规、血常规、肝功能检查，排查泌尿、血液、内分泌及代谢系统疾病。

(5) 耳鼻喉科：嗅觉丧失、耳廓畸形、外耳道闭锁、鼓膜穿孔、化脓性中耳炎、鼻畸形、过敏性鼻炎、慢性鼻窦炎等都不合格。

(6) 听力：双侧耳朵听力均低于五米，不合格。

(7) 胸透：胸透主要用于检查诊断肺部疾病、心脏的大小、肋骨、胸膜、胸壁纵隔、支气管等。

(8) B 超：一般的检查合格标准为肝胆脾胰肾正常。

(9) 传染病检测：凡是有艾滋病、乙肝、性病、梅毒等其中任何一项传染病的，体检都不合格。

(10) 心理测试：心理测试包括智力检测和人格检测两个内容，有计算机检测、纸笔测试、结构式访谈检测三个环节。

005

战时兵员动员

战时兵员动员是国家向全国征集、招募适龄公民到军队服现役，参加战争的一项军事活动，是我国兵役制度的重要组成部分之一，是战时扩充兵员的基本方式。战时兵员动员的效果直接关系到国家的安危，尤其是在信息化战争的当下，对各种专业技术人才的需求越来越大，保证专业技术人才不缺失，是争夺战略主动权的重要前提。

战时兵员动员特点

(1) 速度快。现代化战争不同于传统战争。传统战争的规模大、时间长、作战空间有限，全靠人力；而现代化战争更多的是局部战争或者小规模冲突，具有高技术性、高强度、高速度、高消耗性特点。因此，战时兵员动员必须与时间赛跑，以最快的速度扩充军队，投入战争。

(2) 质量高。国家向全国进行战时动员时，要求动员人员能及时、快速投入战斗。因此，国家在发布动员令时，要突出人员需求重点，精准定位应召人员。

(3) 动员领域广。随着信息技术的不断发展，各专业技术领域不断拓宽，国家常常会向全国各地动员相关技术人才，加强我国军队现代化建设。

(4) 动员组织协调程度高。为了能够快速动员一批高质量的人员，及时投入战争，保证现代化战争的胜利，需要各部门相互协调，科学分工，各负其责，保障动员工作高质量完成。通常是由武装力量部门带头组织工作，实行统一指挥、统一计划、统一行动。

战时兵员动员的基本要求

(1) 突出兵员动员准备工作重点。战时兵员动员要求速度快、质量高，能够迅速投入战斗，因此，各部门在组织动员工作时，要突出准备工作重点，提高动员工作效率，及时准确地向军队输送相关人才。各地区、各部门要借助现代化信息技术，通过多种信息网络数据库对本地区相关军事专业技术人才进行统计、调查，掌握各专业对口技术人员的数量、素质、年龄结构、专业素养等信息，在平时要特别关注战时需求量比较大的特种专业技术人员的数量、质量分布，保证动员工作的高效完成。

(2) 制定切实可行的兵员动员计划。战时兵员动员涉及专业广、动员范围宽，因此，各地区、各部门要结合本地区、本部门实际情况，制定切实可行的动员计划。各地区、各部门在接到上级下达的动员任务文件后，要明确动员任务，认真贯彻上级文件要求，搞清楚动员的各组织领导，动员的范围、对象、批次、数量和质量要求，协调组织相关部门，做好有关事项的安排，制定属于本地区的兵员动员计划，确保本地区兵员动员任务保质保量完成。

(3) 加强战时兵员法规建设，依法开展兵员动员工作。战时兵员动员法规是国家为顺利推进动员工作的进行，进一步规范战时兵员动员工作，制定的一项由国家强制保证实施的有关兵员动员的法规。这项法规使各地的动员工作更加条理化、制度化，能够快速高效建立战时兵员动员应急方案。各地区要结合本地实际情况，制定地方性兵员动员法规，加快本地区兵员动员工作走向法制化、规范化道路。

(4) 抓好民兵专业技术训练、预备役部队军事训练。民兵、预备役部队都是战时兵员动员的主要人员，因此，平时要加强民兵专业技术训练和预备役部队军事训练，保证战时军队的补充。对于民兵来说，平时需要接受严格的教育训练，专业技能扎实，政治素养和军事素养都比较高，可以满足战时高技术局部战争对专业技术人员的需求。预备役部队是国家军队后备储备力量，要将其军事训练放在首要位置，组织、巩固、提高其战斗力，保证战时能够立即投入战争。

战时兵员动员基本制度建设

(1) 完善动员体制，加强动员机构建设，健全动员法规，制定动员预案；建立预备役制度，储备训练有素的预备役军官和士兵。各地区在接到国家或上级下达的战时兵员动员指令时，要立即启动本地区动员机制，组织协调相关部门，制定切实可行的动员预案，

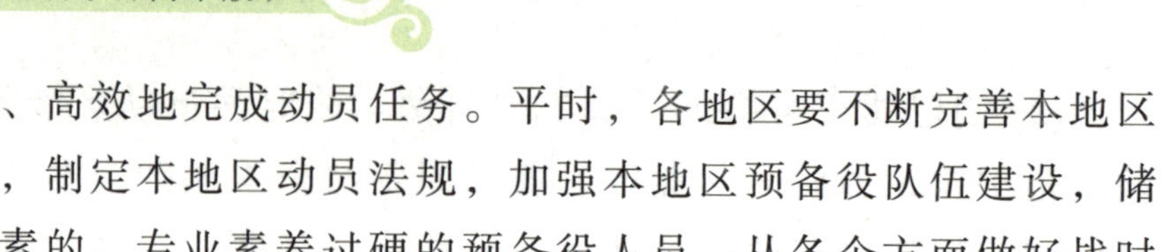

确保足量、高效地完成动员任务。平时，各地区要不断完善本地区动员体制，制定本地区动员法规，加强本地区预备役队伍建设，储存训练有素的、专业素养过硬的预备役人员，从各个方面做好战时兵员动员的准备工作，保证战时兵员动员工作及时高效完成。

(2) 划分兵员补充区，建立专业技术兵储备区，组建预备役部队，按军队扩编计划，搞好现役部队的兵员预编，提高快速动员能力。现代化战争的特点决定了兵员动员工作高速度、高质量的要求，各种技术人员是打赢现代化战争的必要前提。因此，划分兵员补充区，建立专业技术兵储备区，组建预备役部队等不仅能保障战时兵员动员的高效完成，还能为国家培养出相关的专业技术人才，保证现代化战争的优势。

(3) 坚持经常性的国防教育，提高全民的国防观念。各地区、各部门、各企事业机关、学校、文化传媒等要经常开展国防安全教育，宣传国防安全的重要性，提高全民国防观念，激发全民爱国热情。